Julia Iwersen

Gnosis
Eine Einführung

PANORAMA

© by Junius Verlag GmbH
Genehmigte Lizenzausgabe Panorama Verlag, Wiesbaden
Alle Rechte vorbehalten
Umschlaggestaltung: Helmut Schaffer
Titelfoto: AkG Berlin
Satz: GGP Media GmbH, Pößneck
Druck: GGP Media GmbH, Pößneck
Printed in Germany
ISBN 3-926642-55-6

Inhalt

1. Gnosis: Esoterik – Mythos – Mystik

Die Bezeichnung »Gnosis« beruht zunächst einmal auf einer griechischen Vokabel, die »Erkenntnis« bedeutet. In seinem umfangreichen Bericht über religiöse Strömungen seiner Zeit, die er als häretisch betrachtete, gab der Kirchenvater Irenäus, seit 177 n. Chr. Bischof von Lyon, einer dieser Gruppierungen den Namen »Gnostiker« oder »Barbelo-Gnostiker«. Ihre Lehren sind heute neben der Aufzeichnung des Irenäus durch eine ganze Reihe von Originalquellen dokumentiert. Weitere Zeugnisse aus dem Umkreis frühchristlicher Literatur zeigen, dass das Milieu dieser Gnostiker sehr viel größer war, als das ihnen eindeutig zuzuordnende Textkorpus unmittelbar erkennen lässt. Sie werden deshalb mit etlichen ihnen verwandt erscheinenden Schulen unter der Bezeichnung »Gnosis« zusammengefasst, die nun für manche Religionshistoriker eine eigene Religion der Antike darstellt, für viele Kirchenhistoriker eine »Sekte« des Christentums und für Ideenhistoriker und Philosophen eine Denkform, die in verschiedenen geistesgeschichtlichen Kontexten mit einer zwar wandlungsfähigen, aber immer wiedererkennbaren Struktur auftritt.

Über die Berechtigung, eine große Zahl von religiösen Strömungen, denen die Tradition verschiedene Namen zuschreibt, unter einer scheinbar unhistorisch vereinheitlichenden Benennung zusammenzufassen, wird in der jüngsten Forschung zur Gnosis verstärkt diskutiert. Jedoch kann ein enger Zusammenhang zwischen den im Folgenden vorzustellenden Lehrern und

Schulen der Gnosis nicht bestritten werden; insofern scheint es wenig sinnvoll, die Debatte um die Begrifflichkeit zu sehr zu strapazieren. Zudem geht die Bedeutung der Gnosis als religions- und ideengeschichtliches Phänomen weit über die einiger versprengter Grüppchen in der längst vergangenen Religionsgeschichte der Antike hinaus. Sie lebte verschiedentlich im Christentum, im Judentum und im Islam wieder auf und strahlt bis heute in esoterische Formen dieser Weltreligionen aus.

Zwischen der Gnosis und der in unserer Gegenwart wieder sehr aktuellen Esoterik besteht, wie in dieser Einführung auch gezeigt werden soll, eine enge Verbindung. Die Gnosis erwuchs aus esoterischen Strömungen des Judentums und inspirierte die Esoterik und schließlich die Mystik des Christentums. Über deviante jüdisch-christliche Gruppen, die sich in und bei Kufa (Irak) als »mawali«, »Klienten«, der arabischen Stämme auch deren neuer Religion anschlossen, fand sie seit dem 8. Jahrhundert Eingang bei Muslimen und beeinflusste die islamische und vor allem die schiitische Religionsphilosophie und Mystik.

Ihren historischen Kristallisationspunkt mit ganz eigenständigen mythischen Entwürfen aber fand die Gnosis vom 1. bis ins 4. Jahrhundert n. Chr. Um diese Gnosis im engeren Sinne gegenüber anderen, nichtmythischen Erscheinungsformen abzugrenzen, wird häufig der Terminus »Gnostizismus« verwendet, der sich im angelsächsischen Sprachraum (gnosticism) vollständig durchgesetzt hat. Die mythologische Gnosis wird im Zentrum der vorliegenden Einführung stehen, ohne dass ihre Wirkungsgeschichte vernachlässigt werden soll, da Letztere die Relevanz des Phänomens »Gnosis« umso deutlicher macht und seine Aktualität bis in die jüngste Gegenwart erkennen lässt.

Das hier vertretene Bild der Gnosis verdankt sich sehr wesentlich ihrer Darstellung durch den bekannten, 1993 verstorbenen jüdischen Philosophen Hans Jonas. Sein Werk *Gnosis und spätantiker Geist* interpretiert, die Impulse der religionshistorischen Forschung aufnehmend, eigenständig und unabhängig von jeglicher theologischen Diskussion um die »Rechtgläubigkeit« ihrer Anhänger und Fürsprecher die Gnosis als ein Phänomen der Ideengeschichte und als Resultat einer ganz bestimmten menschlichen Befindlichkeit. Als Rahmen für diese auch heute noch überzeugende Deutung diente ihm die existenzialistische Philosophie, die er als Schüler Martin Heideggers kennen gelernt hatte. In dem erst in seinem Todesjahr von Kurt Rudolph herausgegebenen und in der Forschung noch wenig berücksichtigten zweiten Teil seiner Untersuchungen über die Gnosis zeigt Jonas viele Bezüge auf, die auch die Metamorphosen dieser Denkform als Mystik und Esoterik offen legen.

Als das größte Problem bei der Erforschung der Gnosis erweist sich bis heute die Datierung und somit die historische Anordnung des vorhandenen Quellenmaterials. Gnostische Texte sind hauptsächlich mythologischen Inhalts, ohne konkrete Hinweise auf ihr historisches und soziales Umfeld. Eine eigene Gruppe bilden die Schriften der Mandäer, einer in einigen Gebieten des Irak und Iran bis heute überlebenden gnostischen Täufergemeinschaft. Sie sind in einem eigenen Idiom mit eigener Schrift, dem Mandäischen, abgefasst und gehen, obwohl die erhaltenen Manuskripte wesentlich jünger sind, nach Ansicht der maßgeblichen Mandäerforscher bis ins 1. Jahrhundert v. Chr. zurück. Zu ihnen gehören in erster Linie eine umfangreiche Kultliteratur, d.h. Hymnen, Gebete und Liturgien für Ritualhandlungen, sowie Teile des *Ginza* (»Schatz«), des *Johannesbuchs der Mandäer* und die Legende *Haran Gawaita*. Andere gnostische Gruppierungen, die über weit kürzere Zeit ein weniger abgeschlossenes Dasein führten als die Mandäer, sind ebenfalls durch Originalquellen dokumentiert, wobei die in den Vierzigerjahren des 20. Jahrhunderts in der Nähe der oberägyptischen

Ortschaft Nag Hammadi gefundene Manuskriptsammlung von besonderem Interesse ist. Es handelt sich hierbei um koptische Abschriften von Texten, die aus dem Griechischen und teilweise wohl auch aus dem Syrischen übersetzt wurden und zum größten Teil im Originallaut unbekannt sind. Lediglich die günstigen Konservierungsbedingungen im ägyptischen Wüstensand haben diese Schriften der Nachwelt erhalten. Die Texte von Nag Hammadi haben vor allem die Gedankenwelt der eingangs genannten Gnostiker oder Barbelo-Gnostiker, die in der heutigen Forschung meist als »sethianische Gnosis« bezeichnet wird, erschlossen. Die Literatur der sethianischen Gnosis ist somit recht gut bekannt; völlig unklar aber ist ihre Soziologie, d.h., man weiß nicht, ob hinter diesem Schrifttum eine Gemeinde von »Sethianern« gestanden hat, oder auch nur, wer die Texte zu welchen Zwecken benutzt hat. Paradoxerweise ist über die Gründer und Träger der am besten dokumentierten Richtung der Gnosis des 2. Jahrhunderts so gut wie nichts Genaues zu erfahren. Allerdings scheint die sethianische Gnosis an ein System anzuknüpfen, als dessen Gründer die Häresiologen Simon Magus nennen, der in der biblischen Apostelgeschichte erwähnt wird. Simon erscheint dort als ein heidnischer Zauberer, der den Apostel Petrus mit seinen Künsten herauszufordern versucht, von ihm jedoch zurückgewiesen wird. Neben Simon kennen die Kirchenväter, besonders Irenäus von Lyon und Hippolyt von Rom, zahlreiche weitere gnostische Schul- und Gemeindegründer, über deren Lehren und Aktivitäten sie in ihren häresiologischen Büchern mehr oder weniger ausführlich berichten. Zu den bedeutendsten zählen die Alexandriner Basilides und Valentinus. Beide repräsentieren eine verchristlichte Gnosis, wie sie im 2. Jahrhundert vorherrschend war. Ihr Zeitgenosse Marcion, ein wohlhabender Reeder aus Sinope am Schwarzen Meer, stellte im Geist der Gnosis einen Schriftenkanon zusammen, der auf einer konsequenten Ablehnung des Alten Testaments beruhte, weil dieses nach Marcion eine Religion verkündet, die durch die Lehren und Taten Christi als einer Religion der Liebe bekämpft und abgelöst worden sei. Entsprechend bearbeitete Marcion das Lukasevangelium und eine Auswahl von Paulusbriefen, auf der er schließlich, nachdem er seine Ansichten auf einer römischen Synode im Jahr 144 nicht hatte durchsetzen können, eine eigene Kirche begründete. Mit seinem Willen zu einer strikten Begrenzung der zu benutzenden Texte und zu einer ebenso konsequenten Organisation, die der entstehenden katholischen Kirche vom 2. bis weit ins 4. Jahrhundert hinein eine ernst zu nehmende Konkurrenz bot, war Marcion unter den Gnostikern allerdings eine Ausnahmeerscheinung. Die meisten von ihnen bevorzugten einen eklektischen Umgang mit verschiedenen Texttraditionen und lockere Zusammenschlüsse ohne strukturierte Ämterhierarchien.

Während des 2. Jahrhunderts fand die zentrale Auseinandersetzung zwischen der spiritualisierenden Gnosis und einem durch die entstehende Großkirche vertretenen institutionalisierten und dogmatischen Christentum statt, die schließlich zugunsten der Kirche entschieden wurde. Im 3. Jahrhundert ist die Gnosis bereits im Rückzug begriffen und schickt sich an, eine esoterisch-mystische Unterströmung der »offiziellen« christlichen Religion zu werden, deren Geschichte bis ins 20. Jahrhundert hinein verfolgt werden kann. Mehrfach und in verschiedensten Kontexten wurde jedoch ihr mythisches Potenzial revitalisiert. Bereits am Ende des 3. Jahrhunderts gründete Mani, der in einer judenchristlichen Täufergemeinde groß geworden war, eine neue mythologisch-gnostische Bewegung, die sich im Laufe der folgenden Jahrhunderte von Nordafrika bis nach China ausdehnte. Der Manichäismus wird in dieser Einführung als ein eigenes Unterkapitel in der Geschichte der Gnosis behandelt, ebenso wie das

Fortleben der Gnosis in bestimmten Formen der philosophischen Theologie, Mystik und Esoterik.

Auch eine politische Implikation der Gnosis wird angesprochen, nämlich der mittelbare Einfluss ihres speziellen Antijudaismus auf die Ideologie des Nationalsozialismus.

Mit der vorliegenden Einführung wurde ein Mittelweg zwischen historischer und systematischer Darstellungsweise eingeschlagen, wie sie sich vor allem aus Originalquellen ergibt.

Da die Berichte der Häresiologen inhaltlich unsystematisch und darüber hinaus ideologisch befrachtet sind, indem die Gnosis als »falsche« Religion der entstehenden christlich-kirchlichen Orthodoxie als »richtige« Religion gegenübergestellt ist, wird in dieser Darstellung durchgehend den Originaltexten der Vorrang eingeräumt und das von den Kirchenvätern gesammelte Material nur ergänzend herangezogen. Der Charakter der Reihe, in der dieser Band erscheint, erforderte in mancher Hinsicht Vereinfachungen und Generalisierungen. Jeder Überblick über eine so komplexe und langlebige Erscheinung wie die Gnosis kann nur provisorischer Art sein. Eine beträchtliche Menge vorhandenen Quellenmaterials ist noch unediert, und erst recht die Interpretation gnostischer Texte steckt noch in den Anfängen. Die kontinuierlich weitergehende Forschung an den Manuskripten bringt ständig andere Aspekte der Gnosis ans Licht, die immer wieder neu in ihr Gesamtbild integriert werden müssen. Das vorliegende Buch, das sich vor allem an Studierende und Interessierte ohne größere Vorkenntnisse richtet, kann hierfür nur einen Rahmen abstecken.

Im Text der Einführung sollten nur die wichtigsten Figuren und Handlungsabläufe der komplexen gnostischen Mythen besprochen werden. Um die unterschiedlichen Systeme auch einmal in Übersicht darzustellen, sind der Einführung einige grafische Skizzen beigegeben. Dazu wurden die verschiedenen Traditionen über die jeweiligen Mythen kompiliert. In die Skizzen wurden der Vollständigkeit halber auch Nebenfiguren aufgenommen, die in den mythischen Erzählungen keine wesentliche Rolle spielen und deshalb in den betreffenden Kapiteln des Textes nicht weiter erwähnt werden.

2. Anfänge gnostischer Welterfahrung

Religionsgruppen zwischen Judentum und Heidentum

Die Gnosis hat ihren Ausgang vom antiken Judentum genommen. Seit der persische König Kyros 538 v. Chr. den Israeliten in babylonischer Gefangenschaft die Rückkehr nach Zion und den Wiederaufbau des Tempels in Jerusalem gestattete, bildeten sich sowohl in Palästina als auch in den Diasporaländern auf der Thora, den fünf Büchern Mose, fußende unterschiedliche Religionsauffassungen und -gemeinschaften heraus, die um den Status der »Rechtgläubigkeit« konkurrierten. Die aus Babylonien zurückkehrenden Juden vollzogen zunächst einen Bruch mit den Samaritanern, einer während der Zeit des Exils im westlichen Mittelpalästina verbliebenen und angeblich mit heidnischen Elementen vermischten israelitischen Bevölkerungsgruppe, die die Propheten und die Bedeutung Jerusalems als zentrale Kultstätte ablehnten.

Der jüdische Priester Esra brachte um 398 v. Chr. einen Prozess zum Abschluss, der die Gemeinschaft fest auf die Gesetze der Thora verpflichtete und sie unwiderruflich zur Grundlage des christlichen Glaubens machte. Damit hatte sich ein Judentum mit normativer und ethnisierender Tendenz herausgebildet. Diese Entwicklung sowie bestimmte historische Konstellationen führten dazu, dass die Bedeutung der Priesterklasse immer weiter abnahm und die Religionsgelehrten sowie die Gesetzesausleger (»Pharisäer« oder »Rabbiner« genannt) die bestimmende Rolle übernahmen. Als zweite Größe in Palästina entstand daneben in einem ebenso langsamen und unregelmäßigen Verlauf das Samaritanertum.[1]

Abseits dieser Normierungsprozesse, die bis weit in nachchristliche Zeit hinein nicht als endgültig abgeschlossen gelten können, standen kleine Gruppen, die heute oft fälschlicherweise als »synkretistisch« oder »sektiererisch« bezeichnet werden. Diese religiöse Vielfalt war die Vorstufe der Normierung, nicht umgekehrt. Die so genannten Sekten, von denen es wohl in ganz Palästina sowie in der Diaspora unzählige gegeben hat, über die wir aber leider heute nur sehr unzulänglich unterrichtet sind, fielen also nicht von einer organisierten Glaubensform ab, sondern sie entzogen sich der Vereinheitlichung von Judentum auf der einen und Samaritanertum auf der anderen Seite. Trotz der verstärkten hellenistischen Einflüsse, denen das Judentum überall in der hellenistischen Welt in den folgenden Jahrhunderten ausgesetzt war, müssen wir davon ausgehen, dass es seit Esra einen religiösen Minimalkonsens gab, an den sich Gläubige, sofern sie Wert darauf legten, als Juden zu gelten, zu halten hatten. Diejenigen, die sich nicht daran halten wollten, gerieten unweigerlich in Widerspruch zum Judentum; sie wurden isoliert und möglicherweise auch verfolgt. Es war nun nahe liegend für solche »dissidenten« Juden, dass sie sich zunächst nach Samaria wandten, von wo aus der jüdischen Neubesiedlung erfolgloser Widerstand entgegengesetzt worden war. Dies ist beispielsweise bekannt von der jüdisch-synkretistischen Gemeinde im ägyptischen Elephantine. Nachdem ihr Hilfsgesuch, das sie nach der Zerstörung ihres Tempels an Jerusalem schickten, unbeantwortet blieb, wandten sie sich nach Samaria.[2] Ein solcher Fall war sehr wahrscheinlich auch Dositheus, der als Sektengründer nicht in die jüdischen, sondern in die samaritanischen Annalen einging. Zu diesem Dositheus, der auch unter den Namen Dusis

16

und Theodosius erscheint und auf dessen Lehren alle Splittergruppen – wahrscheinlich künstlich im Sinne der typisch häresiologischen Konzeption, nach der alle »Abweichler« einem gemeinsamen »Herd« entstammen – zurückgeführt werden, gibt es verschiedenste Überlieferungen. Offenbar gründete er seinen eigenen samarischen Konventikel, und zwar in erster Linie als jüdische, nicht als samaritanische Sondergemeinschaft, wenn auch auf samarischem Gebiet. Das zwischen dem Judentum und Samaritanertum entstehende »Sektenmilieu« war also weder eindeutig jüdisch noch eindeutig samaritanisch, hat aber zu beiden Religionen enge Verbindungen. Gleichzeitig ist es zumindest latent antijüdisch, denn die selbsternannten Religionsführer, die hier agierten, hatten ihre Gründe, das mit dem Zweiten Tempel in Judäa neu installierte Judentum zu verlassen – wenn sie nicht sogar aus Jerusalem vertrieben wurden. Der samaritanische Historiker Abu'l Fath kennt neben der »samaritanischen Sekte« der Dositheaner acht dositheanische Splittergruppen mit sehr verschiedenen religiösen Anschauungen, deren so oder so geartete Verbindung zur jüdischen und/oder samaritanischen Überlieferung allerdings unverkennbar ist. Häufig sind antikultische und antinomistische, also spiritualisierende Einstellungen und die Tendenz religiöser Anführer, sich selbst prophetische oder sogar göttliche Qualitäten zuzuschreiben; hinzu kommen esoterische (möglicherweise unter dem Einfluss heidnischer Mysterientradition) und asketische Elemente.

Besonders hinzuweisen ist ferner auf die Taufgemeinschaften, die entlang des Jordans wirkten, zunächst westlich im samarischen Raum, nach dem römisch-jüdischen Krieg in den Jahren 70/71 östlich, in Transjordanien. Zu ihnen gehört die durch die Textfunde am Roten Meer berühmt gewordene Gemeinde von Qumran. Hier lebten Juden, die einerseits besonders streng die Gesetzesvorschriften des Alten Testaments zu erfüllen suchten, andererseits aber mit einem ausgeprägten Engelglauben und dualistischen Spekulationen über das nahe bevorstehende Weltende auch durchaus unorthodoxe Züge aufwiesen. Mit der Praxis regelmäßiger Waschungen vergewisserten sie sich ihrer kultischen Reinheit immer wieder neu. Dass die Gnosis in der Gedankenwelt der Taufgemeinschaften Wurzeln gehabt haben muss, ist unbestreitbar. Die Mandäer als eine der frühesten eigenständigen gnostischen Gruppierungen zählen schon wegen ihrer Hochschätzung der Taufe zu diesem Umfeld, die Sethianer kannten die Taufe ebenfalls und knüpften von allen gnostischen Traditionen am eindeutigsten an apokryph-jüdisches Schrifttum an. Auch Simon Magus, der uns nicht nur als ältester Träger eines ausgebildeten gnostischen Mythos überliefert ist, sondern auch als samaritanischer Häretiker, stammt aus diesem Milieu. Simon wird sowohl zu einem von christlichen Häresiologen ins 1. Jahrhundert n. Chr. datierten Dositheus, über dessen Identität keine Klarheit zu erlangen ist, in Beziehung gesetzt, als auch zu Johannes dem Täufer, der seinerseits den Mandäern als bedeutender Prophet gilt. Mit Sicherheit wissen wir heute, dass der Gnostiker Mani in der Täufergemeinde der Elchasaiten aufwuchs, von der er sich dann zwar trennte, deren Vorstellungen als Ausgangspunkt für seine eigenen Lehren aber sicherlich wichtige Vorbereiter der manichäischen Gnosis waren.

Im *Ginza*, GR I § 166, werden die Juden als Abweichler von der »ersten Lehre« dargestellt. Im folgenden § 167 heißt es dann mit einer typisch alttestamentlichen Symbolik, die Juden seien von ihrem Herrn »abgehurt«. Man darf daraus wohl schließen, dass die Mandäer sich selbst als Bewahrer einer sehr alten, auf Adam zurückgehenden Lehre verstanden, die von den Juden korrumpiert worden sei. Ferner wird kritisiert, dass die Juden »nicht in einer Rede dastehen«. In § 169 werden die verderblichen Werke der »Lügenpropheten« bei den Juden geschildert. Hier thematisieren also die Mandäer selbst die Vielgestaltigkeit des Judentums, wobei sie für sich die »wahre Lehre« beanspruchen. Eine Einigung mit den zahlreichen anderen Parteien wurde zu einem nicht genauer zu ermittelnden Zeitpunkt, wahrscheinlich jedoch nach dem Jüdischen Krieg, ausgeschlossen, sodass die einzelnen Gruppen sich verfestigten. Zu den Ergebnissen dieses Prozesses gehört ein heftiger Antijudaismus, der in vielen gnostischen Texten seine Spuren hinterlassen hat. In § 170 des GR wird nochmals die Uneinigkeit unter den Juden betont, mit den gleichen Worten wie in § 167: »die nicht in einer Rede dastehen«.

Die Kernaussage der mandäischen Stellungnahmen zu Juden und Judentum lautet, dass die Juden die kosmischen Mächte des Bösen verehrten und von ihnen geleitet würden. Alle jüdischen Propheten – und zwar einschließlich des Mose – gelten als »Lügenpropheten«. Die jüdischen Gesetze werden abgelehnt. Daneben kann man jedoch feststellen, wie sehr die mandäische Ethik der jüdischen verhaftet ist und dass sie insofern ihre Herkunft verrät. Ein auffälliges Beispiel ist die Tabuisierung des Blutes durch die Mandäer, ein typisch alttestamentliches Element, das nun aber in polemischer Weise und im Zuge einer strikten Ablehnung der Beschneidung einerseits und des Opferkultes andererseits gegen die Juden gerichtet wird. Man hat hierin eine häretisch-radikalisierte jüdische Moral gesehen, was allerdings nicht erklären kann, warum in mandäischen Schriften den Juden Blut involvierende und andere Handlungen vorgeworfen werden, die das Judentum selbst strikt ablehnt. Dazu gehören der Verzehr von mit Blut besprengter Nahrung (GR 225,18 f.), Abtreibung (GR 225,13), Selbstbefleckung der Juden mit Menstruationsblut (GR 225,25) oder durch Kleider, die von menstruierenden Frauen getragen wurden (GR 225,10-12), Beischlaf während der Menstruation (GR 25,14 f.), Ehebruch, homosexueller Verkehr unter Männern (GR 25,13 f.) und Bilderdienst (GR 26,11 f.). Es ist wohl kaum anzunehmen, dass sich hinter solchen Beschuldigungen irgendetwas anderes verbirgt als der Wunsch nach schierer Verleumdung von Glaubensgegnern. Dabei wird aber ganz deutlich, dass die mandäische Ethik jüdische Wurzeln haben muss und dass die Mandäer sich mittels dieser Ethik in polemischer Weise den Nimbus von »besseren Juden« gaben, ohne sich noch selbst als Juden zu identifizieren. Die mandäische Haran-Gawaita-Legende[3] beschreibt in konfuser Weise eine blutige Verfolgung von Mandäern in Jerusalem, ihre Auswanderung nach Medien, die Zerstörung Jerusalems und die Tötung der Kinder Israels sowie der »Pfaffen« Jerusalems. Wenn wir diese Hinweise als historisch anerkennen wollen, muss es sich um Vorgänge im Zusammenhang mit dem Jüdischen Krieg handeln. Nun ist aus der mandäischen Literatur hinreichend klar, dass die Gemeinschaft seit jeher streng pazifistisch eingestellt war (z.B. GR 19,5-11). Eine nahe liegende Annahme ist daher, dass die mandäische oder protomandäische Sekte die Teilnahme an kriegerischen Aktionen verweigerte, daraufhin verfolgt wurde und im Zuge des römisch-jüdischen Krieges aus Jerusalem floh. Die mandäische Obsession in Bezug auf Blut und vor allem in Bezug auf von Juden verübte Handlungen, die mit Blutfluss zu tun haben, dürfte durch solch eine Erfahrung zwar nicht ausgelöst, aber verstärkt worden sein. Unter den »Blut-Vorwürfen« gegen die Juden findet sich auch der einer jüdischen »Beschneidung mit dem Schwert« in GR I § 166. Man denkt dabei zunächst sofort an die Zwangsbeschneidungen, die unter den jüdischen Königen Hyrkanus und Aristobul I. an der Bevölkerung eroberter Gebiete, insbesondere im Norden Palästinas, durchgeführt wurden.[4] Auch hier könnten die Mandäer Wurzeln gehabt haben. Auf jeden Fall zeugt die mandäische Mythologie von Verfolgungen der Mandäer durch Juden; im Detail sind diese Vorgänge aufgrund der Quellenlage kaum rekonstruierbar.

Das antike Judentum stand einerseits im Zeichen einer (Neu-) Konsolidierung um sein neu erbautes zentrales Heiligtum, den so genannten Zweiten Tempel, und insofern einer Normierung, andererseits führte der unvermeidbare geistig-kulturelle Austausch der Juden mit ihrer heidnischen Umgebung zu einer Religiosität mit unzähligen Facetten. In der Diaspora und ganz besonders im griechisch-römisch kolonisierten Ägypten kam es zu engsten Berührungen zwischen Judentum und paganphilosophischen Gedankenwelten. Im 1. Jahrhundert v. Chr. wurden die fünf Bücher Mose und andere religiöse Schriften der Juden, von denen dann auch ein erheblicher Teil in das Alte Testament der christlichen Bibel aufgenommen wurde, ins Griechische übersetzt, das von den allermeisten Diaspora-Juden viel besser beherrscht wurde als das Hebräische. Diese Übersetzungen, die die hebräische der griechischen Gedankenwelt anglichen, wurden dann zum Gegenstand von Auslegungen, in die viel hellenistische, d.h. platonische und stoische, Religionsphilosophie mit einfloss. Der jüdisch-hellenistische Philosoph Philon (ca. 20 v. Chr. - ca. 45 n. Chr.), der zeitweise ein hohes Amt in der Gemeinde von Alexandria einnahm, entwickelte eine Lehre vom Logos, dem göttlichen Wort, das zwischen Gott und Welt als Mittlerprinzip eingeschaltet wurde. Auf diese Weise überwand er die Spannung zwischen biblischem Schöpferglauben und dem Pantheismus frommer Heiden, die das Göttliche nicht in einer transzendenten Ferne, sondern in der Diesseitigkeit wirken sahen. Diese Logoslehre philonischer Prägung spielte eine große Rolle in gnostischen und christlichen Erlöservorstellungen. Alexandria war ohne Zweifel ein Herd jüdisch-samarisch-hellenistischer Sondertraditionen. Es gibt Hinweise darauf, dass zwischen Alexandria und Samaria bzw. ganz Palästina ein intensiver geistiger Austausch gepflegt wurde und Missionare und selbsternannte Propheten hier wie dort um Anhänger warben und ihre Ideen bekannt machten. Abu'l Fath berichtet, dass eine der »samaritanischen Sekten« von einem Samaritaner aus Ägypten mit Namen Auliyana gegründet wurde.[5] Die legendenhafte Überlieferung der apokryphen *Pseudoclementinen* lässt den Samarier Simon auch in Alexandria wirken.[6] Demnach kann man davon ausgehen, dass die gnostisierenden und dabei im Ansatz manchmal auch judenfeindlichen Tendenzen, wie sie im »jüdisch-samarischen Sektenmilieu« in Palästina auftraten, auch in der ägyptischen oder zumindest alexandrinischen religiösen Szenerie nicht unbekannt waren.

Konversionserfahrung in frühen gnostischen Mythen

Neben den internen jüdischen Spannungen und Spaltungsbewegungen war ein zweiter Ausgangspunkt der Gnosis der Proselytismus, d.h. die Bekehrung von Heiden zum Judentum. In der hellenistischen Diaspora stellte das Judentum eine missionierende Religion dar. Gebildete Juden setzten sich intensiv mit griechisch-römischer Philosophie auseinander und boten sehr viel Überzeugungskraft auf, um den antiken Antijudaismus zu widerlegen. Dabei gerieten ihre Apologien leicht zu Missionsschriften.

Auch und vielleicht sogar insbesondere Frauen aus der heidnischen Umgebung fühlten sich nach den vorhandenen Zeugnissen zum Judentum hingezogen, besuchten die Synagogengottesdienste, bekehrten sich in einer mehr oder weniger verbindlichen Form zum Glauben an den einen alttestamentlichen Gott und konnten in den toleranten hellenistischen Gemeinden sogar führende Positionen bekleiden. Die historische Frauenforschung hat in den vergangenen zwei Jahrzehnten gezeigt, dass die Stellung von jüdischen Frauen und somit auch von Konvertitinnen eine wesentlich freiere war, als die rabbinischen Quellen, die normativen und nicht historisch-deskriptiven Charakters sind, vermuten lassen. Emanzipierte Frauen aus den griechisch-römischen Oberschichten, die mit dem Judentum sympathisierten, hatten also keine Einschränkungen zu befürchten, wenn sie konvertierten. In welchen Formen dies in den hellenistisch-jüdischen Gemeinden geschehen konnte, liegt für uns weitgehend im Dunkeln. Es ist davon auszugehen, dass das hellenistische Judentum gegenüber allen heidnischen Sympathisanten eine große Offenheit an den Tag legte und von niemandem verlangte, sich formal als Proselyt zu bekennen. Während die offiziellen rabbinischen Vorschriften für Übertritte zum jüdischen Glauben ein streng geregeltes Zeremoniell vorsahen, schildert die Erzählung *Joseph und Aseneth*, die wahrscheinlich im 1. Jahrhundert n. Chr. entstand, die Konversion einer Ägypterin als eine dramatische innerliche Veränderung, die eine Absage an ihre angestammte Religion und die Zuwendung zum jüdischen Gott zur Folge hat. Das ganze Geschehen erinnert eher an eine Mysterieninitiation als an eine von den Pharisäern vorgesehene Verpflichtung auf Einhaltung der Thora-Gesetze. Auch zwei der koptischen Nag-Hammadi-Texte, die eindeutige Beziehungen zum barbelognostischen kosmogonischen Mythos aufweisen, schildern Konversionserlebnisse in einer Symbolsprache, die klar einen biblischen Kontext erkennen lässt. *Die Exegese über die Seele* (NHC II,6) und *Authentikos Logos* (NHC VI,3) erzählen die Geschichte der Seele, aufgefasst als weibliches Wesen, das ursprünglich in der himmlischen Welt wohnte, irgendwann aber in die Materie fiel und in einen Körper eingeschlossen wurde, hier äußerste Erniedrigung erlitt und mithilfe eines himmlischen Erlösers, der der Bräutigam der Seele genannt wird, aus ihrem Gefängnis befreit wurde.

In der *Exegese über die Seele* heißt es, die Seele sei am Anfang

»allein beim Vater« und in diesem Zustand »eine Jungfrau und mannweiblich« gewesen. (NHC II,6,127,23 f.) In *Authentikos Logos* sind leider die ersten Zeilen zerstört oder unvollständig, aber auch hier scheint die Seele »im Himmel« und »in ihm«, dem obersten Göttlichen, zu ruhen. (NHC VI,3,22,6 f.) Wir erfahren, dass sie »unsichtbar und gerecht« war (NHC VI,3,22,14) und sich in Gesellschaft eines (spirituell aufgefassten) Körpers und eines Pneumas im Pleroma (d. h. in der göttlichen Welt der Fülle) befand. (NHC VI,3,22,16-20) Der Aspekt der Jungfräulichkeit ist auch hier berührt. (NHC VI,3,25,8)

In der *Exegese über die Seele* heißt es dann ohne Umschweife, die Seele sei »hinunter in einen Körper« gefallen und so »in dieses Leben« gekommen. (NHC II,6,127,25 f.)

Authentikos Logos ist als erzählender Text weniger geschlossen als *Die Exegese über die Seele*. Über die näheren Umstände des Falls der Seele erfährt man nur mittelbar, er sei nach dem Willen des Vaters geschehen, als eine Art Prüfung, damit »wir« uns im Kampf gegen die Unwissenden bewähren. (NHC VI,3,26,8-24) Durch den Sprachgebrauch an dieser Stelle wird deutlich, dass das Schicksal der Seele ein exemplarisches ist, mit dem sich hier eine Gruppe, die den Mythos verwendete, identifizierte. Die Seele soll sich also ihrer himmlischen Herkunft und der Tatsache, dass sie eigentlich niemals wirklich von der geistigen Welt getrennt ist, bewusst bleiben oder werden. Ihre Widersacher versuchen, sie dies vergessen zu lassen, und zwar in erster Linie durch sexuelle Verführung, der die Seele anheim fällt und die sie zu einer Hure werden lässt. (NHC VI,3,24,6-24) In diesem Zustand wird sie Tag und Nacht von ihrer Begierde gequält. (NHC VI,3,29,1-3) Weitere Verführungen, die die gegnerischen Mächte bereit halten, sind Eitelkeit, Geldgier, Ruhmsucht, Überheblichkeit, Eifersucht und Müßigkeit. (NHC VI,3,30,28-31,14) Durch all dies versuchen jene Mächte, die Seele für den Logos blind zu machen. Besonders gefährdet ist sie durch den Schlaf, in dem sie ihren Widersachern wehrlos ausgeliefert ist, weshalb sie ihn meiden muss. (NHC VI,3,29)

Insgesamt ist es das Gefängnis des Körpers, das die Seele so verwundbar macht. Dieser Leib ist selbst ein Werk der Widersacher. (NHC VI,3,32,24 f.) Nachdem die Seele sich mithilfe ihres Bräutigam-Erlösers – der ihr heimlich, d.h. verborgen vor den gegnerischen Mächten bereits den Logos in den Mund und auf die Augen gelegt hatte (NHC VI,3,22,24-28) – durch ständiges Forschen nach der Wahrheit befreit hat, gibt sie den Teufeln den Körper zurück. (NHC VI,3,32,16) Sie steigt auf ins Pleroma, legt sich in das Brautgemach, isst unsterbliche Speisen und findet endlich Ruhe. (NHC VI,3,35,10-16)

In der *Exegese über die Seele* ist die Seele nach ihrem Fall zunächst völlig wehrlos »in den Händen von Räubern und Frevlern« (NHC II,6,127,27 f.), die sie verführen und vergewaltigen. Sie gebiert blinde und kranke Kinder. (NHC II,6,128,23-25) In *Authentikos Logos* werden diese Kinder ebenfalls erwähnt und »Früchte der Materie« (NHC VI,3,31,18) genannt. Besonders nachdem die Seele von ihren Buhlen verlassen worden ist, bereut sie ihre Verfallenheit und bittet ihren Vater im Himmel, sie zu retten. (NHC II,6,128,19-129,2) Dieser erbarmt sich ihrer und sendet ihren Bruder-Bräutigam, den »Erstgeborenen«, zu ihrer Befreiung herab. (NHC II,6,132,7-10) Die Seele reinigt sich, wird wieder jungfräulich und erwartet nun im Brautgemach ihren Bräutigam zur spirituellen Hochzeit. (NHC II,6, 132,10-19)

Zum Mythos vom Fall und Wiederaufstieg der Seele in beiden Texten weist die simonianische Geschichte von Helena, Simons Gefährtin, wie sie bei Irenäus (IrenAdvhaer I 23,2 f.) überliefert ist, einige Parallelen auf. Der historische Simon soll behauptet haben, Helena sei seine Ennoia, sein Gedanke, der anfangs in ihm ruhte, dann aus ihm hervorgesprungen sei. Simons Gedanke aber war es, Engel und Erzengel zu schaffen. Die Ennoia stieg deshalb hinab und gebar Engel und Mächte. Diese waren neidisch auf sie und ließen sie deshalb nicht wieder hinaufsteigen. Sie musste unten bleiben und sich in menschliche Körper einschließen lassen; schließlich musste sie sich in einem Bordell preisgeben. Am Ende kam der Vater, um sie zu befreien. Im simonianischen Mythos wird Ennoia vom Gott-Vater selbst gerettet, nicht durch einen von ihm gesandten Bruder-Bräutigam. Das Braut-Bräutigam-Thema wird aber dadurch angedeutet, dass Helena, soweit man in diesem Punkt der irenäischen Überlieferung trauen kann, Simons Partnerin war.

Simonianischer Mythos

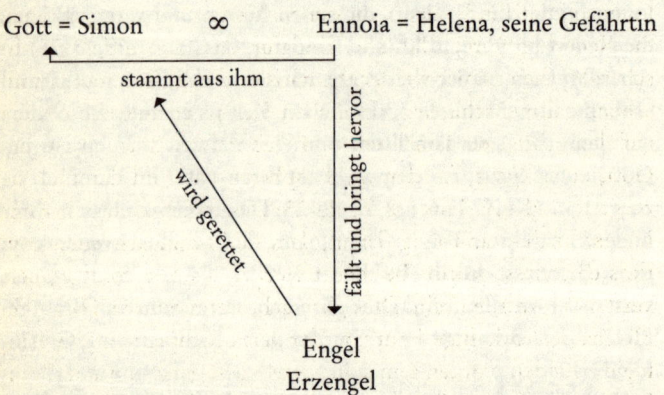

Gott = Simon   ∞   Ennoia = Helena, seine Gefährtin

stammt aus ihm

wird gerettet

fällt und bringt hervor

Engel
Erzengel

Der Bericht des Irenäus über die Lehren Simons, in häresiologischer Abwertung »der Zauberer« genannt, der nach den Angaben Justins zur Zeit des römischen Kaisers Claudius (41-54 n. Chr.)

26

in Samaria wirkte, ist ein Zeugnis für eine frühe Verbindung des Seelenmythos mit einem Mythos von der Entstehung der irdischen Welt.

Ennoia/Helena ist die Zentralgestalt des simonianischen Mythos, und es gibt bisher keine Hinweise darauf, dass es sich bei ihr um eine spezifisch samaritanische Gestalt handelt. Im Kontext der beiden angeführten Nag-Hammadi-Schriften muss man davon ausgehen, dass der simonianische Mythos auf einer nicht spezifizierbaren Frühform des Seelenmythos fußt, der auch *Authentikos Logos* und der *Exegese über die Seele* zugrunde liegt. Ennoia/Helena stellt meiner Meinung nach eine mythische Verfremdung der Seele dar, wobei zu beachten ist, dass auch hier im simonianischen Mythos die fallende Frauengestalt, die zur Hure wird, noch immer als Mensch identifiziert wird, nicht als Göttin oder Wesen der höheren Welt wie in den späteren barbelognostischen und valentinianischen Mythen, von denen noch die Rede sein wird. Alles spricht dafür, dass der in den gnostischen Mythen immer wieder thematisierte Fall eines mal mythischen, mal menschlichen weiblichen Wesens motivgeschichtlich auf den »Fall« der Israeliten, d.h. ihre Abwendung von ihrem Gott, zurückgeht, für den die Propheten das Bild der Hurerei prägten. (Vgl. z.B. Hos 1,2; Ez 16.23) Dessen ungeachtet könnte Helena auch unabhängig davon, dass sie hier in den Seelenmythos eingepasst wurde, bei den Griechen als Symbol der Seele verstanden worden sein. Dies gilt auch, wenn Simons Gefährtin Helena als leibhaftige Frau von der verunglimpfenden Häresiologie erfunden worden sein sollte, was nicht ganz unwahrscheinlich ist. Helena als Seele kann gut zur mythisch-allegorischen Vorstellungswelt des Hellenismus gehört haben.[7]

Es lassen sich also neben der alttestamentlichen Vorlage für den Vater-Ennoia- bzw. Simon-Helena-Mythos sowohl samaritanische als auch rein heidnische Elemente geltend machen. Die

Helena-Gestalt ist unbezweifelbar heidnischen Ursprungs, doch hat Gert Lüdemann in seiner Studie über Simon und die simonianische Gnosis auf einen archäologischen Fund hingewiesen, der die Verehrung einer Mondgöttin Helena[8], die im hellenistischen Schrifttum (unter anderem bei Plutarch) eine Beziehung zur menschlichen Seele aufwies, im Samaria des 1. Jahrhunderts n. Chr. bezeugen könnte.[9] Lüdemann meint, eine Gleichsetzung der Helena mit Athena vornehmen zu können, deren Geburt aus dem Kopf des Zeus im allegorienfreudigen Zeitalter des Hellenismus ein Gleichnis für den vergöttlichten Simon und seinen »ersten Gedanken« Ennoia abgibt.[10] Den Anspruch Simons auf Gleichsetzung mit Zeus erklärt Lüdemann plausibel mit der Existenz eines Zeus-Kultes auf dem Berg Garizim im Westjordanland.[11] Auf der anderen Seite hat Jarl Fossum recht überzeugend darlegen können, dass der Divinisierungsanspruch Simons in der samaritanischen Theologie wurzelt. Fossum geht von Simons Beinamen »der Stehende«[12] und »die große Kraft«[13] aus, die sich in samaritanischen Texten als Namen Gottes und der Engel nachweisen lassen.[14] Nun schließt ja gerade im kulturellen Schmelztiegel Samaria die eine Ableitung aus samaritanischem Material die andere aus heidnischem nicht aus. So kann man ohne weiteres annehmen, dass der Seelenmythos, als er im hochgradig eklektischen Milieu Samarias mit seiner mehrheitlich heidnischen Bevölkerung aufgegriffen wurde, mit Elementen aus der griechischen Mythologie, samaritanischen Spekulationen über den Gottesnamen und paganer Philosophie angereichert wurde.

Gegenüber dem Seelenmythos in *Authentikos Logos* und in der *Exegese über die Seele* ist der simonianische Mythos in einem für die spätere Entwicklung der Gnosis sehr wesentlichen Punkt abgewandelt worden. Es sind hier nämlich die von Ennoia/Helena hervorgebrachten missratenen Kinder, von denen sie in der Gegenwelt festgehalten und zur Hure gemacht wird. Während in *Authentikos Logos* und in der *Exegese über die Seele* die gegnerischen Mächte einfach da sind und ihre Anwesenheit offenbar sogar dem Willen Gottes entspricht, wird im simonianischen Mythos die Welt der Widersacher erst durch die Ennoia hervorgebracht. Das in jenen beiden Texten nur anklingende Motiv, dass die hurende Seele missgestaltete Kinder hervorbringt, wird dahingehend ausgestaltet, dass erst diese Kinder die Seele in der irdischen Welt, die also nur durch diese missratenen Geschöpfe überhaupt besteht, festhalten. Der »Fall« der Ennoia wird damit zur Erklärung für die Entstehung der bösen Welt. Der Grund für das Eingeschlossensein der Ennoia in einer irdischen Sphäre ist nicht mehr der Wille Gottes, sondern ihre eigene Hybris, aus der heraus sie gemeint hat, den Schöpfungsgedanken des Vaters aus eigener Kraft ausführen zu können: Simon sagte, Helena sei »sein erster ›Gedanke‹, die Mutter von allem, durch die er im Anfang den Gedanken faßte, Engel und Erzengel zu machen. Diese Ennoia, die aus ihm hervorsprang, sei, im Wissen darum, was ihr Vater wolle, nach unten herabgestiegen und habe Engel und Mächte geboren, von denen nach ihm auch diese Welt gemacht sei. Nachdem sie sie aber geboren habe, sei sie von ihnen aus Neid zurückgehalten worden [...].« (IrenAdvhaer I,23,2) An diesem Punkt wird der Seelenmythos zum Ausgangspunkt für eine frühe gnostische Kosmogonie (Theorie über die Entstehung des Weltalls), die in den komplexen gnostischen Systemen des 2. Jahrhunderts entfaltet wurde. Bevor wir diese betrachten, wenden wir uns zunächst noch einem anderen Motiv der gnostischen Mythologie zu, das sich wahrscheinlich parallel entwickelte und später mit der Kosmologie verbunden wurde.

Die Abstammung der Juden und die Abstammung der Gnostiker

Im neutestamentlichen Evangelium des Johannes, das in einem bis heute heftig umstrittenen Verhältnis zur Gnosis redigiert wurde, bezichtigt Jesus die Juden, Kinder des Teufels zu sein. (Joh 8,44) Für sich selbst und seine Anhänger dagegen beansprucht er die Nachfolge Abrahams. Wir finden hier denselben Konflikt vor, der bereits mit Blick auf die Mandäer angesprochen wurde. Wie in anderen frühen Spielarten der Gnosis trifft man im Johannesevangelium auf einen Abstammungsdualismus, in dem sich die Auseinandersetzung rivalisierender Haltungen zur alttestamentlich-jüdischen Tradition manifestiert. Im vierten Evangelium weicht ein Anspruch auf »richtige« Befolgung der jüdischen Gesetze allmählich einem Anspruch Jesu und seiner Anhänger auf göttliche Abstammung. Tatsächlich handelt es sich hier um eine besonders scharfe dualistische Zuspitzung der Vorstellung von einer Kindschaft Gottes, die in apokryph-jüdischer Literatur und im frühen Christentum kursierte.[15]

Im Johannesevangelium beginnt Jesus seine judenfeindliche Rhetorik mit der Feststellung, dass die Juden in Abrahams Ahnenlinie stehen. Dann aber erklärt er ihre Abrahamskindschaft als verwirkt[16], da sie ihn, Jesus, nicht anerkennen. (Joh 8,37-41) Der johanneische Jesus grenzt also nun von sich aus die Juden von seiner Gemeinschaft ab und nimmt dann für Letztere Abraham und unversehens sogar auch Gott in Anspruch. Jesus schreibt sich selbst die Sphäre des »Lichts« zu, des »Oben«, den Juden aber die der »Finsternis«, der »Sünde«, des »Unten« und die »dieser Welt«. (Joh 8,12 ff.) Diese Dualismenbildung eskaliert schließlich, wenn Jesus feststellt, dass nicht Gott, der ihn, Jesus, gesandt habe, der Vater der Juden sei, sondern der Teufel. (Joh 8,44) Am Ende zieht Jesus es vor, seine eigene Person nicht in die Abstammungslinie Abrahams, sondern vielmehr über Abraham zu stellen, der implizit dann doch wieder im Sinne einer Gegensatzbildung zwischen Jesus und Abraham den Juden überlassen wird: »Ehe Abraham war, bin ich.« (Joh 8,59) Das in der Diskussion um die Bedeutung Abrahams als Stammvater der pharisäischen oder der johanneischen Bewegung entstehende Problem der Abstammung oder Herkunft der gnostisierenden Jesusanhänger wird also im Johannesevangelium in der Person des Erlösers aufgefangen. Der johanneische Jesus steht über Abraham, und statt Abraham bildet Jesus Christus nun die Identifikationsfigur für die Anhänger des neu entstehenden Glaubens. Die nichtchristlichen Spielarten, wie die mandäische und die frühe sethianische Gnosis, behalfen sich anders und konstruierten entlang an alttestamentlichen Überlieferungen, d.h. durch deren Protestexegese, eigene antijüdische Abstammungsmythen.

Wir kehren zunächst zu mandäischen Überlieferungen zurück: Die Mandäer berufen sich auf Adam als ihren Stammvater. Dem Urmenschen Adam oder Adakas, dessen Körper von den feindlichen Mächten gebildet wurde, der dann aber von der Lichtgestalt Manda d'Haije eine Seele bekam, folgen viele Generationen, die derselben Lehre anhängen. (GR 28,11) Letzteres, das einhellige Befolgen der einen Lehre, die von den mandäischen Licht- und Erlösergestalten vermittelt wird, hat, wie bereits erwähnt, eine besondere Bedeutung. Die Mandäer betonen durch ihre geschlossene und konservative Haltung zur »Lehre« ihren Unterschied zu den Juden, die mehrfach für vielfältige Lehren und Zwietracht untereinander kritisiert werden.

Das adamitische Geschlecht, die Mandäer also, wird durch Schwert und Pest (GR 27,19), durch Feuer (GR 27,30) und durch Flut (GR 28,5) verfolgt, von Dämonen und anderen bösen Geistern mit Gold und schwerem Essen (GR 28,31 f.) zu Götzendienst (Anbetung von Sonne und Mond; GR 28,33 f.) und sonstigen Lastern (GR 28,35-37) verführt. Als Widersacher, von denen diese Plagen und Bedrohungen ausgehen, fungieren in mandäischen Texten einige Gestalten, deren jüdische Herkunft unverkennbar ist, wie es in erster Linie für die vom alttestamentlichen Geist Gottes zur mandäischen Erzteufelin degradierte Ruha gilt. In der bereits mehrfach zitierten Passage aus dem I. Buch des rechten *Ginza*, das eine Art rudimentärer mandäischer Weltgeschichte enthält, ist im Zusammenhang der Auseinandersetzung der Mandäer mit der Welt der Widersacher die Rede von Adonai, den Juden und bekannten Gestalten der jüdischen Geschichte, wie David und Salomon, von denen es heißt, sie hätten mithilfe von Dämonen geherrscht. (GR 28,18 f.) Von den jüdischen Propheten, die als Gesamtheit bei den Mandäern ebenso wie die alttestamentlichen Könige einen ausgesprochen schlechten Leumund haben, wird keiner namentlich genannt, außer Christus (GR 28,22), den die Mandäer insofern mit in diese Tradition stellen.

Das mythische Böse hat in der mandäischen Überlieferung einen besonderen historischen Ort, nämlich Jerusalem oder im weiteren Sinne Juda (Juda wird manchmal mit Jerusalem in einem Atemzug genannt). Jerusalem erscheint einerseits als Hort des Bösen schlechthin, von Ruha und ihren Planetenkindern erbaut (GR 338,4.27) oder – an anderer Stelle – von Adonai (Jb 191,26), andererseits aber auch als Wirkungsort der mandäischen Lichtboten. Hier findet auch eine Auseinandersetzung zwischen Christus und dem mandäischen Erlöser Anosh-Uthra statt. (Z. B. GR 181,27 f.) Dabei ist Jerusalem erklärtermaßen die Stadt der Juden, die diese von den Widersachern für sich erhalten. (GR 341,9) Es ist eine Stadt der »Unzucht, Verderbnis und Hurerei« (GR 338,12). Mehrfach wird Jerusalem mit einer »Parteigründung« in Verbindung gebracht. Im *Rechten Ginza* ist Jerusalem

Mittel der Parteigründung des Bösen, d.h. Ruhas und ihrer Planetenkinder. (GR 337,34 f.) Eine Folge der Ausbreitung der Juden in Jerusalem ist, dass eine Partei gegründet wird. (GR 341,16) Nochmals taucht dieser Topos in Verbindung mit Christus auf, der, wie bereits erwähnt, des Öfteren in die mandäische Polemik gegen die Juden miteingeschlossen wird: »Er [Christus] ruft den Planeten zu, er macht sie zu seiner Partei.« (GR 28,23)

Die *Apokalypse des Adam* enthält einen gnostischen Abstammungsmythos in geschlossener Form. Er erzählt das Schicksal der von Adam abstammenden Gnostiker aus dem Lichtreich, die auch Seth-Menschen genannt werden. Dieser Text führt entlang an alttestamentlichen Überlieferungen eine Heilsgeschichte der Gnostiker als Alternative zur jüdischen Heilsgeschichte vor: Anfangs lebten Adam und Eva in androgyner Vereinigung miteinander. Eva ist im Besonderen Gnosis-Trägerin, sie lässt Adam an ihrem Wissen teilhaben. (NHC V,5,64,12 f.) Dann aber werden die beiden vom »Archonten der Äonen«, einer Finsternismacht, über deren Herkunft in diesem Text nichts gesagt wird, getrennt. (NHC V,5,64,20 f.) Die Trennung von Adam und Eva in »zwei Äonen« ist Ursache dafür, dass beide die Gnosis vergessen und unter der Herrschaft des Archonten in einen niedrigeren Seinszustand fallen. (NHC V,5,64,22-28.65,9-23) Die Gnosis geht von Adam und Eva über »in den Samen großer Äonen« (NHC V,5,65,3-5). Adam erhält eine Offenbarung durch drei Männer aus dem Lichtreich und gibt diese nun an seinen Sohn Seth weiter. (NHC V,5,65,25-67,21) Sie enthält das Schicksal des Gnosis-Geschlechts unter dem Finsternisregiment. Die Gnosis-Menschen werden vom Weltenherrscher Saklas verfolgt, der sich in diesen Zusammenhängen eindeutig als der Gott des Alten Testaments erweist, zuerst durch die Sintflut (NHC V,5,69,1-

15), später durch Feuer, Pech und Schwefel (NHC V,5,75,9-17). Mit Letzterem haben wir sehr wahrscheinlich, wie der entsprechende Text im jüngeren, aber ebenfalls sethianischen *Evangelium der Ägypter* verdeutlicht, eine gnostische Interpretation der alttestamentlichen Sodom-und-Gomorrha-Geschichte vor uns. Beide Angriffe überstehen die Seth-Menschen jedoch unbeschadet, da sie von himmlischen Wesen gerettet werden. (NHC V,5, 69,19-25.75,17-31) In einem ausführlichen letzten Abschnitt folgt noch ein drittes und endgültiges Heilsgeschehen, herbeigeführt durch einen Erlöser namens Phoster (NHC V,5,77,15), der aus vierzehn – wahrscheinlich einander ablösenden – Königreichen hervorgeht. Die »anderen Völker«, die bisher die Seth-Menschen bekämpften, werden gezwungen, ihre eigene Vergänglichkeit und die Überlegenheit der Sethianer anzuerkennen. (NHC V,5,83, 8-27) Die Sethianer verstanden sich aufgrund ihrer Abstammung von Adams Sohn Seth gegenüber den Söhnen Noahs – Sem, Ham und Japhet – und ihrer Nachkommenschaft als überlegen. Dabei fällt auf, dass diese Gnostiker sich wie die Mandäer als die älteste »Rasse« (neben »geneá«, Geschlecht, Stamm, wird auch die griechische Vokabel »sporā«, Samen, verwendet) ansehen.

Bei dem in der Zeit zwischen 117 und 161 in Alexandria wirkenden gnostischen Lehrer Basilides wird ein weiterer gnostischer Abstammungsmythos eng an eine kosmogonische Konzeption angebunden. Zu diesem Mythos, der sich nicht mit der Abstammung der Gnostiker, sondern mit der der Juden beschäftigt, liegen keine Originalquellen vor, sondern zwei völlig unterschiedliche Berichte der Häresiologen Irenäus und Hippolyt. Erfahrungsgemäß ist Ersterem mehr zu trauen als Letzterem. Hippolyt zeigt durchgehend die Gewohnheit, gnostische Lehren im Gewand hellenistischer Philosophie zu präsentieren, was mehr seiner ideologiebehafteten Konzeption von »Ketzerei« als der historischen Wahrheit entspricht. Daneben kannte er im Gegensatz zu Irenäus wahrscheinlich keine frühen gnostischen Quellen, sondern nur die objektivierten späteren Formen. Auf jeden Fall ist davon auszugehen, dass der irenäische Bericht dem von Basilides gelehrten Mythos näher kommt als der hippolytische.

Wenn der basilidianische Mythos nach Irenäus eine Funktion hat, dann die, zu erweisen, dass der »Führer« der Juden ein aus höheren Welten emanierter Engel sei. Der Inhalt der Erzählung lässt sich folgendermaßen zusammenfassen: Aus dem Vater entsteht der Nous (Verstand), aus diesem der Logos (Wort), aus diesem die Phronesis (Besonnenheit), aus dieser die Sophia (Weisheit) und aus ihr die Dynamis (Kraft). Sophia und Dynamis bringen Kräfte, Engel und Mächte hervor, die »die Ersten« genannt werden. Sie stellen den »ersten Himmel« her. Aus den »Ersten« entstehen weitere Engel, die einen zweiten Himmel herstellen, und aus jenen nochmals weitere Engel, die den dritten Himmel herstellen. Diese Reihe wird fortgeführt, sodass am Ende unzählige Engelwesen und 365 Himmel existieren. Der Führer der Himmel ist Abraxas, der in der zeitgenössischen Magie eine große Rolle spielt. Diejenigen Engel, die den letzten Himmel innehaben, stehen unter der Führung des Judengottes. Sie sind die Schöpfer der Welt mit allem, was in ihr ist. Teile der Erde und einige Völker werden von ihnen regiert. Das besondere Verhältnis zwischen Judengott und Juden wird leider nur sehr rudimentär erläutert: »Da dieser [der Gott der Juden] seinen Menschen, das heißt den Juden, die übrigen Völker unterwerfen wollte, hätten sich alle übrigen Mächte gegen ihn gewandt und ihm entgegengearbeitet. Darum hätten sich auch die anderen Völker von diesem Volk abgewandt.« (IrenAdvhaer I,24,4)

Zur Befreiung von der Tyrannei des Judengottes, seiner Engel und seiner Menschen sendet der Vater seinen Sohn Nous, der an dieser Stelle mit Christus gleichgesetzt wird. (IrenAdvhaer I,24,3 f.)

Basilidianischer Mythos

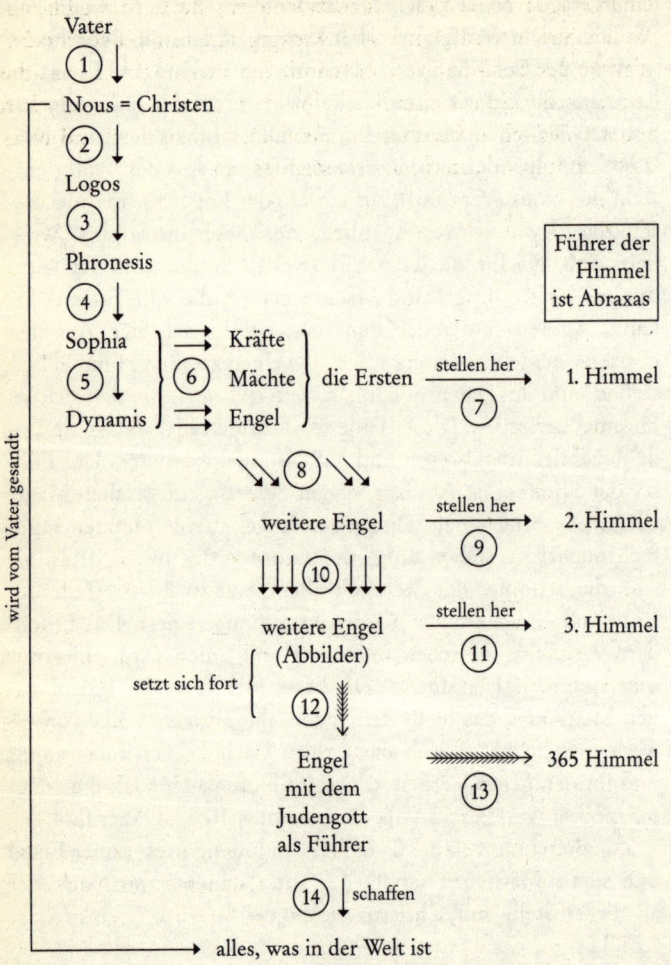

Vater
① ↓

Nous = Christen
② ↓

Logos
③ ↓

Phronesis
④ ↓

Sophia
⑤ ↓   ⑥   ⟹ Kräfte
Dynamis   ⟹ Mächte   } die Ersten — stellen her → 1. Himmel
               ⟹ Engel   ⑦

Führer der
Himmel
ist Abraxas

⟶ ⑧ ↙↘

weitere Engel   — stellen her → 2. Himmel
↓↓↓ ⑩ ↓↓↓   ⑨

weitere Engel   — stellen her → 3. Himmel
(Abbilder)   ⑪

setzt sich fort { ⑫ ↓

Engel   ⟹⟹⟹⟹ 365 Himmel
mit dem   ⑬
Judengott
als Führer

⑭ ↓ schaffen

wird vom Vater gesandt

⟶ alles, was in der Welt ist

36

Die wichtigste Botschaft des Mythos ist also, dass der jüdische Gott der untersten Schar von Engeln vorsteht, die nach einer langen Kette von Emanationen aus höheren weiblichen Wesen, Sophia und Dynamis, hervorgegangen sind. Die Verkündigung des Basilides vollzog damit in einem Schritt, was die sethianische Gnosis durch Aneinanderfügung zweier Mythen unterschiedlichen Charakters, einer kosmologischen und einer Abstammungstradition, bewerkstelligte.

3. Die systembildende Gnosis des 2. Jahrhunderts

Kosmogonie: Der Fall der Sophia und die Entstehung der materiellen Welt

Im 2. Jahrhundert n. Chr. entwickelten sich aus den dargestellten Ansätzen komplexe mythische Systeme, die Kosmogonie und Abstammungslegende miteinander verbanden. Die prominentesten bzw. für uns am besten dokumentierten Spielarten sind die sethianische, die valentinianische und die ophitische Gnosis.

Die weitere Entstehungsgeschichte der gnostischen Kosmologien nach den bereits aufgezeigten Ansätzen lässt sich anhand mehrerer Nag-Hammadi-Schriften sehr gut verfolgen. Die zentrale Rolle spielt dabei Sophia, die hellenistisch-jüdische Weisheitsgöttin, die sich nun anstelle der Seele aus einem mit Gott verbundenen Idealzustand herauslöst und die Entstehung einer unteren, widergöttlichen Welt provoziert. Die Gründe, warum in der Gnosis ausgerechnet die von den jüdischen Weisen hochverehrte Sophia, die Repräsentantin und Mittlerin der göttlichen Weisheit, als besonders dynamisches Element der göttlichen Welt erscheint und deren Harmonie empfindlich stört, sind einerseits in den gnostischen Bemühungen zu suchen, die jüdische Religion insgesamt herabzuwürdigen, andererseits in der Frauenemanzipation im Römischen Reich, die im 1. Jahrhundert v. Chr. ihren Höhepunkt erreicht hatte und von da an Gegenstand männlicher Angstprojektionen auf jüdischer wie heidnischer Seite wurde. Anhand der gnostischen Texte lassen sich die einzelnen Schritte in dieser negativen Abwandlung der Sophia genau verfolgen.

Im *Eugnostosbrief*, einer in Nag Hammadi in zwei Versionen (in Kodex III und V) gefundenen Schrift, ist der Gott-Vater, das oberste spirituelle Prinzip, anders als im Seelenmythos und im simonianischen Mythos seiner weiblichen Ergänzung weit entrückt. Über ihn heißt es: »Keine Arche [Kraft] hat ihn erkannt, keine Macht, keine Unterordnung, nicht irgendeine Kreatur, seit dem Anfang der Welt, außer er allein.« (NHC III,3,71,14-19) Später im Text »erkennt« dann der höchste, männliche Gott die Arche (NHC III,3,76,19 f.), woraufhin diese »einen unsterblichen mannweiblichen Menschen offenbart« (NHC III,3,76,24). Dieser androgyne Mensch hat einen männlichen Namen, Nous, und einen weiblichen, Pansophos Sophia. (NHC III,3,77,1-5) Hier erscheint also Sophia als weiblicher Aspekt des vom höchsten Gott durch die Arche hervorgebrachten Wesens. Aus Nous und Pansophos Sophia bzw. ihren Kindern entstehen weitere androgyne himmlische Wesen, deren weiblicher Aspekt jeweils mit einem Sophia-Namen belegt wird: »die erstgeborene Sophia, Mutter des Alls«, auch »die Liebe« genannt[17], »Sophia Pangenetira« (Allschöpferin), die auch »Pistis« heißt (NHC III,3,82,5 f.), nochmals »Pansophos-Sophia«, »Panmetor-Sophia«, wieder »Pangenetira-Sophia«, »Agape-Sophia«, »Pistis-Sophia« (NHC III,3,82,20-83,1). Alle diese Sophien haben als weibliche Hälften androgyner Wesen Anteil an der himmlischen Vollkommenheit. Nach weiteren zahlreichen Zeugungsvorgängen heißt es dann im *Eugnostosbrief* plötzlich unvermittelt, dass ein »Mangel der Weiblichkeit« auftrat. (NHC III,3,85,7 f.) Die göttliche Unversehrtheit und Mangellosigkeit weiterer Emanationen, die der letzte Teil des Textes beschreibt, bleibt davon allerdings unbeeinträchtigt.

Zwischen den beiden überlieferten Versionen des *Eugnostosbriefs* ist bereits eine Veränderung der Sophia augenfällig: Im

Text von Kodex V erscheint die Weisheit als weiblicher Aspekt eines androgynen himmlischen Wesens; für die Erzeugung weiterer Äonen fällt ihr die entscheidende Rolle zu. In der Version in Kodex III dagegen wird durch die Beschreibung der Sophia als Paargenossin eine Unterordnung unter das männliche Prinzip angedeutet.

Mit der Schrift *Die Sophia Jesu Christi* liegt eine christliche Bearbeitung des *Eugnostosbriefs* vor, die ebenfalls zweifach bezeugt ist: in Kodex III der Nag-Hammadi-Bibliothek, gleich im Anschluss an den *Eugnostosbrief* (NHC III 4), sowie im Berliner Codex Gnosticus (BG 8502,77,8-127,12). In der *Sophia Jesu Christi* hat der Verfasser bzw. Bearbeiter den *Eugnostosbrief* mit einer christlichen Rahmenhandlung versehen und die Briefform auf nicht sonderlich geschickte Weise durch Einschübe zu einem künstlich wirkenden Dialog umgestaltet. Das Textkorpus des Briefs wurde in diese Form fast vollständig übernommen, nur an sehr wenigen Stellen gibt es Neuformulierungen. Wieder aber ist bei der Sophia-Figur eine auffällige inhaltliche Änderung festzustellen: Das Thema der Androgynität ist in den verchristlichten Fassungen des *Eugnostosbriefs* weggefallen oder zumindest erheblich geschmälert worden. In der *Sophia Jesu Christi* ist der unsterbliche Anthropos nicht mehr selbst mannweiblich und Sophia fungiert nur noch als Paargenossin. (NHC III,4,101,16) Mit dieser Tradierung des Sophia-Mythos ist bereits die Vorstufe zu den Systemen zu erkennen, in denen Sophia dann die Hauptschuld für die Entstehung der gegnerischen Mächte und des als böse verstandenen Kosmos zugeschrieben wird. (BG 8502,119,6-16)

Die *Geheimschrift des Johannes*, die ein vollständiges barbelognostisches System repräsentiert, ist der am besten bezeugte gnostische Text, von dem wir drei mehr oder weniger voneinander abweichende Abschriften aus Nag Hammadi besitzen (II 1, III 1, IV 1) und eine im Berliner Codex Gnosticus (8502,2 ff.). Auch der Kirchenvater Irenäus hat eine Version dieser Kosmogonie gekannt. (IrenAdvhaer I 1-4)

Gemeinsam ist der *Geheimschrift* und dem *Eugnostosbrief*, dass erst über mehrere Seiten die Vorzüge des göttlichen All-Vaters gepriesen werden, bevor ein weibliches Wesen Beachtung findet. Dieses ist die auch im simonianischen Mythos auftretende Ennoia, die »Denkkraft«. Sie tritt unvermittelt in Erscheinung, indem sie »eine Tat vollbringt« (NHC II,1,4,27). Die Ennoia scheint allerdings keine eigenständige Figur zu sein, sondern eine im Vater verborgene Wesenheit, die nun »vor ihm in Erscheinung trat« (NHC II,1,4,28). Im Folgenden wird Ennoia als »die erste Kraft« und »noch vor dem All« bezeichnet (NHC II, 1,4,30), als »Pronoia (Voraussicht) des Alls« (NHC I,1,4,32), als Bild des unsichtbaren Vaters, der in diesem Zusammenhang nun seinerseits als »jungfräulicher Geist« erscheint (NHC II,1,4,34 f.). In der nächsten Zeile ist von einem anderen weiblichen Himmelswesen die Rede, von Barbelo, wobei nach allen vier Versionen der *Geheimschrift* leider unklar bleibt, ob sie ein Synonym für den Vater oder für die Ennoia sein soll. Jedenfalls sprechen die Texte im Folgenden nicht mehr von Ennoia, sondern von Barbelo: Sie ist der »Mutterschoß von allem« (NHC II,1,5,5), »Mutter-Vater«, »der erste Mensch«, »der heilige Geist« (pneuma), »die dreifach Männliche«, »die dreifach Mächtige«, die »Drei-namige« (NHC II,1,5,7-9), »die dreifach Empfangene« (BG 8502, 28,2), »die Androgyne« (NHC II,1,5,9). Die Barbelo bittet den Vater um mehrere Gaben, die dann als Hypostasen in die himmlische Existenz treten: »erste Erkenntnis« (prognosis; NHC II,1, 5,13), »ewiges Leben« (NHC II,1,5,20), »Wahrheit« (NHC II,1, 5,33). So entsteht eine himmlische Pentas (Fünfheit). Barbelo hat also einen ersten Schöpfungsvorgang eingeleitet, an dem sie allerdings nicht aktiv, vielmehr nur durch ihre Wünsche gegenüber dem Vater beteiligt ist.

Später wird eine spirituelle Schwängerung der Barbelo durch den Vater beschrieben, die ein weiteres Lichtwesen, den »Eingeborenen« hervorbringt. (NHC II,1,6,10-18) Für die folgenden, in der *Geheimschrift* ausführlich beschriebenen Schöpfungsvorgänge in der Himmelswelt spielt die Barbelo keine Rolle mehr. Nach zahlreichen Äonen entstehen schließlich die für das barbelognostische System typischen »vier Leuchter«: Armosel, Oriel, Daveithai und Eleleth, sowie zwölf weitere Äonen, die auf die Leuchter verteilt werden. (NHC II,1,7,32-8,25) Einer dieser letzten Äonen ist die Sophia.

Sophia erscheint in der *Geheimschrift des Johannes* also nicht als eine der ersten Wesenheiten der himmlischen Welt in unmittelbarer Beziehung zur höchsten Gottheit oder gar als Teil von ihr, sie ist hingegen einer der zahlreichen Äonen, die relativ spät im Verlauf der Erzählung hervorgebracht werden. Sie gehört zum vierten Leuchter Eleleth (NHC II 1,8,18-20; III 1,12,13-16; IV 1,13,3) und wird in diesem Zusammenhang eher beiläufig erwähnt. Diese Figur, später als »Sophia der Epinoia« bezeichnet, wird dann aber wichtig für das erste Fallgeschehen, von dem die *Geheimschrift* berichtet. Ohne Zustimmung und Zutun ihres männlichen Paargenossen bringt sie durch ihren Gedanken ein Bild aus sich hervor, das zur Missgeburt gerät, ein unvollendetes Werk, das mit ihr selbst keine Ähnlichkeit hat. (NHC II, 1,9,34-10,7) Diese Missgeburt ist Jaldabaoth, für die BarbeloGnostiker der »böse Gott« des Alten Testaments. Damit die Unsterblichen der intelligiblen Welt das missratene Wesen nicht sehen, stößt Sophia es von sich ab und setzt es auf eine Lichtwolke. (NHC II,1,10,11-17) Von hier aus entfaltet Jaldabaoth sein unheilvolles Treiben, indem er sich vom vollkommenen All entfernt und sich eigene Äonen schafft. An diese barbelognosti-

Sethianisches System nach dem Johannesapokryphon

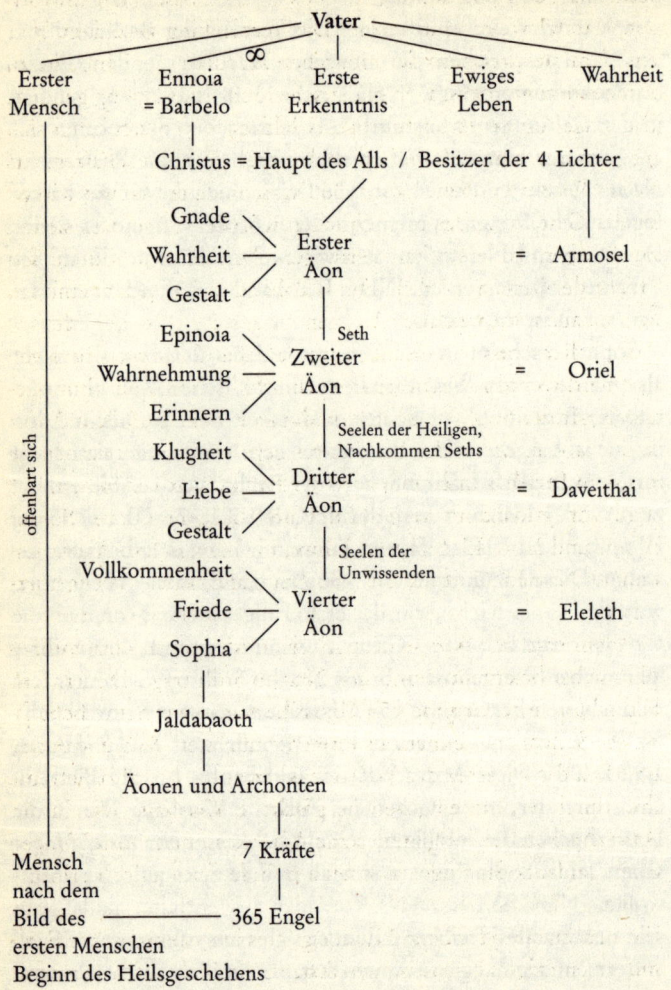

sche Kosmogonie hat der Redaktor der *Geheimschrift* dann den sethianischen Abstammungsmythos angeschlossen, der im vorigen Kapitel vorgestellt wurde. Die Verbindung geschieht über eine Uminterpretation der biblischen Paradiesgeschichte, die zu den bevorzugten Passagen gnostischer Schriftauslegung gehörte. Die Engel unter der Führung des Jaldabaoth entschließen sich irgendwann, einen Menschen nach seinem Bild zu schaffen, das sie im Wasser gesehen haben. 360 verschiedene Mächte wirken an der Gestaltung des menschlichen Körpers, ohne dass sie ihn zum Leben zu erwecken vermögen. Dies ist nur durch den Hauch der Sophia möglich, den Jaldabaoth selbst Adam einbläst. So mit allen vorhandenen Kräften ausgestattet, ist der Mensch Adam allen Engeln einschließlich Jaldabaoth selbst überlegen und wird von ihnen ins Paradies gebracht. Mithilfe der ihm eigenen Kraft der Sophia erschafft Jaldabaoth Eva. Nachdem Adam und Eva vom Baum der Erkenntnis gegessen haben, werden sie aus dem Paradies in eine Sphäre der Dunkelheit vertrieben. Eva wird von Jaldabaoth vergewaltigt und bekommt zwei Söhne: Eloim und Iaue (Elohim und Jahwe, im hebräischen Alten Testament Namen Gottes), die mit Kain und Abel gleichgesetzt werden.

Adam erschafft nun seinerseits einen Menschen, der von Sophia selbst belebt wird und den Namen Seth trägt. Diesen Seth betrachtete eine Gruppe von Gnostikern, die wir heute behelfsweise »Sethianer« nennen, als ihren Stammvater. Während Adam und Eva das »Wasser des Vergessens« trinken, bewahrt Seth die ihm durch Sophia eingegebene göttliche Weisheit. Wie in der *Apokalypse Adams* erleiden seine Nachkommen Verfolgungen durch Jaldabaoths Engel, werden am Ende dann jedoch erlöst.

Für den valentinianischen Mythos gibt es in systematischer Form nur einen original gnostischen Text, der freilich auf ein späteres

Stadium verweist, sodass wir auf die Nachrichten der Kirchen-väter angewiesen sind.[18] Anders als in der *Geheimschrift des Johannes* wird hier das Schicksal der Sophia-Figur sehr ausführlich beschrieben; die Erzählung beschäftigt sich aber überhaupt nicht mit der unmittelbaren Partnerin der obersten Gottheit Bythos, die hier die Namen »Ennoia«, »Charis« und »Sige« trägt. Über sie erfährt man nicht mehr, als dass Bythos mit ihr intelligible Äonen hervorbrachte. Nur der Bischof und Häresiologe Epiphanios berichtet, dass die erste Schöpfung auf Drängen der Ennoia stattfand. (Pan 31,5,5) Im valentinianischen Mythos nach Irenäus und Hippolyt entstehen auf Bythos' eigene Initiative dreißig Äonen, jeweils in männlich-weiblichen Partnerschaften, die dann mit ihm und Ennoia das Pleroma, die himmlische Welt der Fülle, ausmachen. Einer dieser Äonen ist Sophia, und zwar war sie nach Irenäus (IrenAdvhaer I 1,2) das letzte himmlische Wesen, das geschaffen wurde, nach Hippolyt war sie der zwölfte Äon, dabei trotzdem wie bei Irenäus der jüngste (HippRef VI 6). Auch im valentinianischen Mythos wird Sophia zur Schöpferin einer Gegenwelt. Anlass ist nach Hippolyt wie in der *Geheimschrift des Johannes* ihre Vernachlässigung des Paargenossen. (HippRef VI 7) Doch Irenäus hat ein anderes Motiv, nämlich Sophias zerstörende Sehnsucht nach Erkenntnis des Urvaters (IrenAdvhaer I 2,2), allerdings mit Neid auf den ersten Sohn des Bythos, Nous, verbunden, weil dieser mit dem Vater Gemein-schaft hatte, wie es heißt. Sophias Sehnsucht treibt sie immer wei-ter zum Urvater, dem Urgrund oder Abgrund, hin, und sie wird fast von ihm verschlungen, dann jedoch von Horos (wörtl.: Gren-ze), einer sehr eigenen Gestalt des valentinianischen Mythos mit einer abgrenzenden, identitätsschützenden Funktion, geret-tet. (IrenAdvhaer I 2,2) Horos reinigt und festigt Sophia und bringt sie zu ihrem Paargenossen zurück. (IrenAdvhaer I 2,4)

Nach Hippolyt erzeugte die Sophia ohne ihren Paargenossen

Valentinianischer Mythos

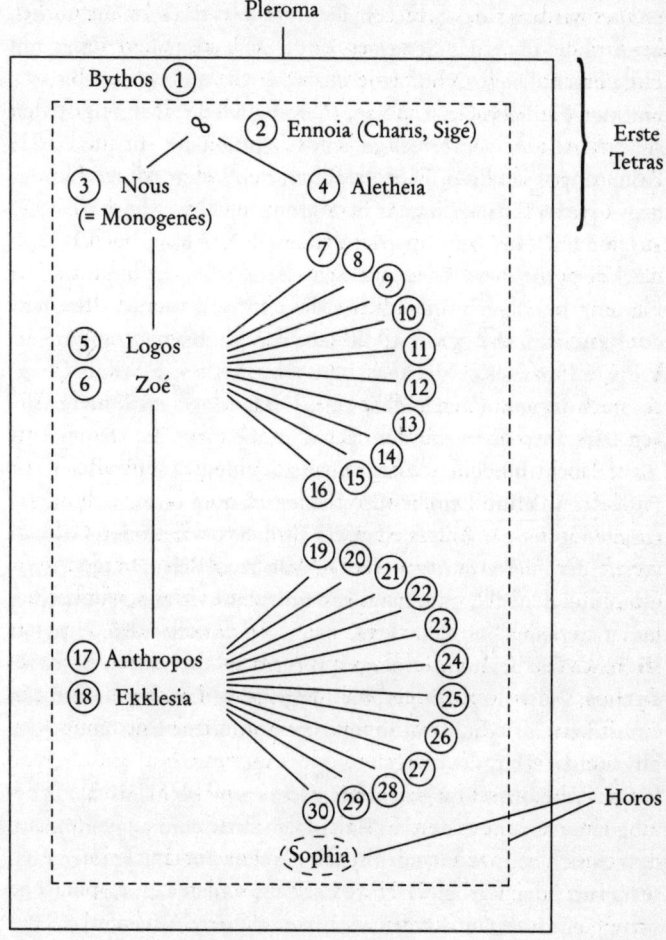

Pleroma

Bythos ①

∞ ② Ennoia (Charis, Sigé)

③ Nous   ④ Aletheia
(= Monogenés)

⑤ Logos
⑥ Zoé

⑦ ⑧ ⑨ ⑩ ⑪ ⑫ ⑬ ⑭ ⑮ ⑯

⑰ Anthropos
⑱ Ekklesia

⑲ ⑳ ㉑ ㉒ ㉓ ㉔ ㉕ ㉖ ㉗ ㉘ ㉙ ㉚

Sophia

Erste Tetras

Horos

Untere Sophia (Achamoth)

47

im Eifer, es dem Vater gleichzutun, eine form- und gestaltlose Ektroma, eine Fehlgeburt. (IrenAdvhaer I 4,1; HippRef VI 30,6-8) Darüber war sie dann so unglücklich, dass die anderen Äonen, beunruhigt über das Schicksal ihrer Schwester, den Vater um Hilfe baten. Dieser schuf dann ein weiteres Äonenpaar, Christus und den Heiligen Geist, die im Pleroma wieder Ruhe herstellen sollten. Alle Äonen erhielten von Christus eine entsprechende Belehrung und alle priesen daraufhin den Vater. Als Frucht des neuen guten Einvernehmens im Pleroma brachten die Äonen alle zusammen Jesus hervor. (IrenAdvhaer I 2,5; HippRef VI 32,2) Nachdem auf diese Weise die Schwierigkeiten im himmlischen Pleroma behoben waren, geriet die Ektroma, »untere Sophia« oder »Achamoth« genannt, die nun von Sophia getrennt außerhalb des Pleromas existierte, in Not. Zwar hatte sich bereits Christus ihrer angenommen und ihr eine »Gestaltung dem Wesen nach« gegeben, aber sie strebte nun aufwärts ins Pleroma. Da der Horos sie nicht hineinließ, begann sie zu leiden. (IrenAdvhaer I,4; HippRef VI) Ihre Leiden oder Leidenschaften (griech.: »pathe«) gerieten unter der Einwirkung des Heilands – als Aspekt Christi verstanden, der zusammen mit Engeln zum Beistand der Achamoth aus dem Pleroma herabgesandt wurde – zur psychischen und materiellen Substanz des Kosmos. (IrenAdvhaer I,5; HippRef VI 32,6) Wie bei den Sethianern verursacht also eine von der jüdischen Weisheitsgöttin Sophia hergeleitete Gestalt die bei den Gnostikern als schuldhaft und böse empfundene Entstehung der physischen Welt.

Das Verhältnis von valentinianischer und sethianischer Kosmogonie ist nicht ganz klar. Im Allgemeinen wird angenommen, dass es sich beim valentinianischen Mythos um eine spätere Ausgestaltung der Barbelo-Gnosis handelt, wobei Letztere im Ursprung eindeutig eine jüdische, Ersterer aber eine verchristlichte Gnosis zur Darstellung bringt.

Dreiprinzipienlehren

Neben den bisher vorgestellten gnostischen Mythen, die die Welt-entstehung durch Emanation, d.h. durch einen Abstieg des Gu-ten zum Schlechteren erklären, gibt es noch einen anderen Sys-temtyp, der sowohl Gut als auch Böse für ewig hält und die Quelle aller Widrigkeiten und Gefahren in ihrer Vermischung sieht. Der Gnosisforscher Werner Foerster typisierte derartige Formen als Dreiprinzipienlehren, was mitunter zu kurz greift, da mehr als drei Urelemente aktiv sind, in Ermangelung eines geeigneteren Oberbegriffs hier jedoch als Bezeichnung beibehal-ten wird. Leider besitzen wir für die Dreiprinzipienlehren kaum Originalquellen. Die meisten von ihnen hat der Kirchenvater Hippolyt von Rom überliefert, der sie im 3. Jahrhundert n. Chr. in einem Spätstadium kennen lernte. Auffälligerweise scheinen Irenäus, dem früheren Gewährsmann für sog. Häresien, derartige Lehren nicht begegnet zu sein, was offenbar aber nicht heißt, dass es sie vor dem 3. Jahrhundert nicht gegeben hätte. So wird das *Baruchbuch* des christlichen Apologeten Justin in der Regel als älter eingeschätzt und von den meisten Forschern noch ins 1. Jahrhundert datiert.

Die drei Urprinzipien sind hier Elohim, interpretiert als Him-mel und als Geist, Eden, d.h. die Erde oder die Seele, und »der Gute«, der die zwischen den beiden anderen einsetzende mythi-sche Handlung völlig passiv begleitet. Elohim und Eden zeugen zusammen 24 Engel, die wiederum Menschen und andere Lebe-wesen erschaffen. Dann aber erkennen sie zwischen sich eine grundsätzliche Wesensverschiedenheit und gehen auseinander. Elohim steigt in den Himmel empor, sieht dort das Licht des Guten und geht in dessen Sphäre ein. Das Böse entsteht hier also nicht durch einen plötzlich auftretenden »Mangel« oder ein allmähliches Absinken des Guten, sondern durch die Entrückung des Geistprinzips aus seiner freiwilligen Verbindung mit der Materie. Eden und die Geschöpfe bleiben zurück, und die zwölf Elohim gleichenden Engel erleiden durch ihre Mutter und die ihr zugehörigen Geschwister die Qualen der Verfolgung. (HippRef V 26 f.)

Bei den Ophiten, deren Lehren auch durch Abschnitte in Originaltexten aus Nag Hammadi belegt sind, gibt es drei göttliche und vier materielle Urprinzipien. Der kosmogonische Mythos erscheint mit denen der Barbelo-Gnosis und des Valentinianismus durchaus verwandt, ist allerdings strukturell weitgehend selbstständig. Weder die organisatorische Beschaffenheit noch der originale Name der sog. Ophiten sind bekannt, sodass wir behelfsweise die Bezeichnung der Kirchenväter übernehmen. Auch die ophitische Gnosis ist ein Dreiprinzipiensystem, das die Kosmogonie nicht als degenerierende Emanation aus einem anfänglichen Absoluten erklärt, sondern als ein Zusammenspiel von drei göttlichen und vier materiellen Urprinzipien. Die göttlichen Prinzipien sind Urlicht-Urmensch, Erster Gedanke (als männlich aufgefasst) und Heiliger Geist (weiblich), die materiellen Wasser, Finsternis, Abgrund und Chaos. Irenäus überliefert eine christianisierte Version der ophitischen Kosmogonie, nach der die göttlich-geistige Welt nach trinitarischem Muster aufgeteilt ist: Sie besteht aus dem Urmenschen oder Urlicht, aus Ennoia, die hier kurioserweise männlich aufgefasst wird, um der Schematik zu entsprechen, und dem weiblichen Heiligen Geist. Dagegen stehen als feindliche Mächte Wasser, Finsternis, Abgrund und Chaos. Aus einer Verbindung der drei göttlichen Wesen geht Christus hervor, auch »Dritter Mann« genannt. Dieser wird nun zusammen mit dem Heiligen Geist in die unvermittelt auftretende Kirche hineingezogen. Beide müssen offenbar dabei Lichtteile aufnehmen, was der Heilige Geist, in diesem Zusammenhang nun »Die Mutter« genannt, nicht bewältigt, sodass Licht auf seiner linken Seite herunterfließt. Dieses Licht wird hypostasiert, heißt nun »die Linke«, »der Geile« oder auch »Mannweib«, fällt ins Wasser und nimmt dadurch einen Körper an, der seine Rückkehr zum Heiligen Geist behindert. Sophia lässt den Himmel entstehen und zeugt einen Sohn, Jaldabaoth, kann sich aber bald mithilfe der oberen Welt ihres Körpers wieder entledigen. Sie bläst den göttlichen Geist in den von Jaldabaoth gebildeten Menschen und geleitet später Christus herab, der sich in Jesus inkarniert und in der niederen Welt wirkt. (IrenAdvhaer I 30, 1-15)

Der titellose Nag-Hammadi-Text aus Kodex II enthält eine ophitische Kosmogonie, die strukturell der von Irenäus gleicht, dabei freilich der christlichen Interpretation entbehrt. Die Akteurinnen der Schöpfung sind Pistis, ihr Bild Sophia und der das Licht umgebende Schatten, aus dem das Chaos entsteht.

Die kosmologischen Erzählungen der ophitischen Gnosis wie auch mehrerer anderer Dreiprinzipienlehren sind mit einer eigenwilligen Allegorisierung der biblischen Paradiesgeschichte verbunden, in der der Baum der Erkenntnis die zentrale Rolle spielt. Nachdem Adam und Eva sich des Lichtfunkens bewusst werden, den ihnen Sophia eingegeben hat, um sie zu beleben, verstoßen sie auf Rat der Schlange gegen das Gesetz des Weltenherrschers und essen die Frucht vom Baum des Paradieses. Das Diagramm der Ophiten (hier Ophianer genannt), das der frühchristliche und dabei der Gnosis nahe stehende Theologe Origenes überliefert, zeigt den »Baum der Erkenntnis und des Lebens« im Zentrum des skizzierten Weltaufbaus. Mit dem Genuss des Paradiesapfels begann für diese Gnostiker nicht die Sünde, sondern die Erlösung.

Es ist anzunehmen, dass die ophitische Gnosis, die für uns leider bisher sehr viel schlechter dokumentiert ist als die valentinianische und besonders die sethianische, eine beträchtliche

Wirkungsgeschichte entfaltete. So findet sich der Topos des überfließenden Lichtes, aus dem niedere Welten entstehen, später im *Sohar*, einem grundlegenden Werk der mittelalterlichen Kabbala. Auch der manichäische Mythos entstand sehr wahrscheinlich als eine Umgestaltung einer Dreiprinzipienlehre. (Vgl. Kap. 5)

Theologie: Abgrund und Fülle der göttlichen Welt

Die gnostischen Mythen des 2. Jahrhunderts thematisieren zwar hauptsächlich das dramatische Geschehen um den Fall der Sophia und seine Folgen; dennoch ist in ihnen ein mystischer Akzent bereits angelegt. Während Sophia durch ihr Fehlverhalten das Pleroma, die göttliche Welt der Fülle, in Aufruhr versetzt, bleibt sein Ausgangspunkt, der Urgrund allen Seins, davon unberührt. Die höchste Gottheit, meist »Vater« genannt, ist das schlechthin Absolute und als solches qualitätslos. Sowohl die barbelognostische als auch die valentinianische Kosmogonie nach Ptolemäus beschreiben das Wesen dieses Absoluten. In der *Geheimschrift des Johannes* wird ausdrücklich gesagt, dass man sich das höchste Prinzip nicht als Gott vorstellen soll. Die einzigen Qualitäten, die sich ihm positiv zuordnen lassen, sind »Geist« und »Licht«. Ansonsten ist dieses Göttliche nur negativ bestimmbar: Es ist unbegrenzbar, nicht zu beurteilen, unermesslich, unsichtbar, unvergänglich. Eine solche Annäherung an das Göttliche auf negativem Weg wurde später charakteristisch für Teile der christlichen und der islamischen Mystik, noch ausgeprägter aber für die Kabbala, die jüdische Geheimlehre. Die »via negativa« ermöglicht die Spekulation über das Göttliche, ohne dass es auf kreatürliche Attribute festgelegt und somit der menschlichen Wahrnehmungs- und Vorstellungswelt angenähert und seine absolute Andersartigkeit geschmälert würde. Mehrfach werden die Nicht-Eigenschaften des Göttlichen zusätzlich noch in Paradoxien angeordnet, wodurch dieser Effekt noch verstärkt wird, so in der *Geheimschrift des Johannes*: Er ist »weder unendlich, noch wurde er begrenzt [...]. [Er ist] nicht körperlich, ist nicht körperlos, ist nicht groß, ist nicht klein [...].« (NHC II,3,23 f.) Schließlich zählt der Text doch positive Kennzeichnungen des höchsten Prinzips auf – Licht, Leben, Gesegnetheit, Wissen, Güte, Gnade, Erlösung, Anmut, Geschenk –, betont aber, dass es sich auch dabei nicht um Eigenschaften handelt, die es besitzt, sondern um solche, die es verleiht. (BG 8502,25,13-22)

Das höchste Absolute ruht uranfänglich und ungeschaffen in sich selbst; darin ist es der Urgrund (mit diesem Wort, griech.: »bythos«, bezeichnete es Ptolemäus) alles Geschehens, das dann im mythischen Drama ausgetragen wird. Die Wurzel aller Erscheinungen, die aus dem Urgrund heraustreten, ist seine Selbsterkenntnis, die einzige, auf sich selbst gerichtete Aktivität, zu der er nach zeitlosem nichtreflektiertem In-sich-selbst-Ruhen gelangt. In der *Geheimschrift* heißt es: »Er, der nach sich selbst verlangt in der Vollendung des Lichtes, erkennt das reine Licht.« (BG 8502,25,10 f.) Diese Selbstreflexivität des Göttlichen bringt den ersten Gedanken – als weibliche Hypostase »Pronoia« vorgestellt – hervor, und auf ihre Initiative hin entstehen weitere Geschöpfe mit einer rein geistigen Existenz.

Obwohl aufgrund der komplizierten Anschauungen über tugendhafte Weiblichkeit der Vater und nicht das erste weibliche Wesen, Pronoia – die später auch »Ennoia« und »Barbelo« heißt –, in erster Linie die Zeugung weiterer göttlicher Geschöpfe mit nun mehr oder weniger festen Qualitätszuschreibungen übernimmt, ist er dem Geschehen im Pleroma weitgehend enthoben. Im valentinianischen Mythos des Ptolemäus befindet sich der Vater ausdrücklich außer- und oberhalb des Horos, der schützenden, gestaltenden »Grenze«, die um das Pleroma gezogen ist. Nicht einmal die Gestalten des Pleroma können den Vater in seinem Wesen erkennen – was, wie geschildert, der weiblichen Weisheit (Sophia) zum Verhängnis gerät.

Während der Vater die Einheit und damit eine alle Einzelqualitäten gegeneinander aufhebende Universalität repräsentiert, wird sein als weibliche Hypostase personifizierter Gedanke die erste Ursache von Vielheit. Dass diese Vielheit von den Gnostikern keineswegs als Beeinträchtigung erfahren wird, sondern ganz im Gegenteil Ursache zum Lobpreis der Barbelo ist, beweist ein liturgischer Text aus Nag Hammadi, *Die drei Stelen des Seth*. (NHC VII,5) Dabei handelt es sich um eine Zusammenstellung von Hymnen hauptsächlich an die Barbelo, in denen sie als Hervorbringerin der Vielheit und des Lebens angerufen und gepriesen wird. Die intelligible, d.h. nichtmaterielle Schöpfung des Vaters durch die Barbelo oder Ennoia wird also von den Gnostikern durchaus positiv gesehen, denn sie ist anders als später die emotionell-materielle Schöpfung der Sophia eine rein geistige. Die theologische Spekulation über diese Welt, ihre vollkommene Ordnung und ihre inneren Gesetzmäßigkeiten nahm seit dem Ende des 2. Jahrhunderts zu, als das Interesse der Gnostiker sich von dem Fallmythos auf die graduelle Erfahrung des Göttlichen im Seelenaufstieg verlagerte. (Vgl. Kap. 4)

Eine großartige theologische Synthese, die die gesamte gnostische Gedankenwelt zusammenbringt und den Dualismus als unversöhnlichen Bruch zwischen Göttlich-Geistigem und Widergöttlich-Materiellem dabei bewusst zu überwinden scheint, bietet *Bronté* (NHC VI,2), die Selbstoffenbarung einer gnostischen Göttin, deren Attribut offenbar der Donner (griech.: »bronté«) ist. In ihr verschmelzen alle Eigenschaften der göttlichen und der widergöttlichen Welt, sodass im Zuge einer Überführung des gnostischen Dualismus in einen mystisch-esoterischen Monismus die entfaltete mythische Handlung im Wesen des Absoluten, das hier nun als Göttin präsentiert ist, wieder aufgehoben wird. Anders als der Vater, der Absolute, der schlechthin unerreichbar ist, eignet sich als Symbol für eine den gnostischen Mythos einbeziehende, ihn quasi umfassende Theologie ganz besonders eine Frauengestalt, d.h. die Wiedervereinigung der tugendhaften, als Mutter der Vielfalt verehrten Barbelo mit der gefallenen Sophia.

Anthropologie und Gemeindebildung

In einem Anhang an den Seelenmythos in der bereits erwähnten Nag-Hammadi-Schrift *Authentikos Logos* wird deutlich, dass frühe Gnostiker – wahrscheinlich gegen Ende des 1. Jahrhunderts – den Seelenmythos, der ursprünglich eine individuelle Erfahrung widerspiegelt, benutzten, um eine Gruppenidentität aufzubauen. Die Polemik der Gruppierung, die in dieser Schrift den Seelenmythos in ihrem Sinne redigiert hat, richtet sich gegen Menschen, die »schlimmer als Heiden« sind. Als Adressaten dieses Vorwurfs kommen einzig Juden infrage, da alle tatsächlichen Heiden ja ausgeschlossen sind und christliche Elemente oder selbst Anspielungen in dieser Schrift kaum überzeugend nachgewiesen werden können. Allerdings weist der Text in Bezug auf Motive, Konstellationen und sogar bis in die Wortwahl hinein Anklänge an das Johannesevangelium auf, dessen Theologie und insbesondere Christologie vor dem Hintergrund eines sehr ähnlichen Konflikts wie dem in *Authentikos Logos* entstanden sein müssen. Die Anklage »schlimmer als Heiden« ist in eine längere Passage (NHC VI,3,31,4 ff.) eingebettet, die einen Gegensatz herstellt zwischen der gefallenen, aber nichtsdestotrotz nach Gott suchenden Seele und denen, »die unwissend

sind« (NHC VI,3,33,4). Hier erscheint das auch im Johannesevangelium verwendete Motiv des Hirten. Nachdem die Seele
sich über ihren wahren Ursprung klar geworden ist, eilt sie zu
ihrer Schafhürde, an deren Tür ihr Hirte steht. (NHC VI,3,32,
10 f.) Letzterer erscheint hier unvermittelt als eine zusätzliche
Erlöserfigur ohne besondere Funktion. Die Seele findet in der
vom Hirten bewachten Hürde eine Zuflucht, bevor sie den weltlichen Mächten ihren irdischen Leib zurückgibt und sich damit
endgültig von ihrem Hurendasein befreit. (NHC VI,3,32,16 f.)
Im Johannesevangelium ist der »gute Hirte«, der seine Schafe
sammelt und weidet und schließlich für sie sein Leben lässt, Jesus. (Joh 10,15) Er erregt dadurch den Unmut der Juden, die ihn
für besessen halten (Joh 10,20) und im Folgenden sogar ge-
walttätig gegen ihn vorgehen (Joh 10,31 ff.). Die Gegner der in
Authentikos Logos sprechenden Partei werden wie die Juden im
Johannesevangelium als »Kinder des Teufels« (NHC VI,3,33,
26) bezeichnet, ihre Hartherzigkeit bzw. Verstocktheit (NHC
VI,6,33,13.18 f.) und ihre Grausamkeit (NHC VI,3,33,15.23) werden beklagt. Ebenso wie die gnostisierenden Christen im Johannesevangelium fühlen sich die hinter der Schrift *Authentikos
Logos* stehenden Träger, die für den Logos und den Hirten nicht
oder noch nicht Jesus Christus einsetzen, von einer gegnerischen Gruppe massiv bedroht. Ob diese Gegner wie im Johannesevangelium pharisäische Juden sind, ist nicht klar, aber angesichts der Ähnlichkeiten und vor dem Gesamthintergrund der
Gnosis eine sehr wahrscheinliche Möglichkeit.

Die Tatsache, dass *Authentikos Logos* sich gegen eine gegneri-
sche, als bedrohlich empfundene Gruppierung – wahrscheinlich
Juden – wendet, weist ebenso wie die wiederholte Verwendung
von Personalpronomen in der 1. Person Plural im entsprechenden Textstück darauf hin, dass der Seelenmythos in diesem Text
einer Gruppierung, die sich meint verteidigen zu müssen, als

Identifikationsmythos dient. Der gnostische Mythos in *Authentikos Logos* ist wie der christliche im Johannesevangelium nicht zu verstehen ohne die gewollte oder erzwungene Lösung von der Synagoge, die die jungen Gemeinden veranlasste, ihre Identität gegenüber dem sich ausbildenden rabbinischen Judentum, das deutlicher an eine formulierte Tradition (die Thora) anknüpfen konnte als Gnostiker und Christen, zu reflektieren und zu definieren. Mythen waren dazu ein geeignetes Medium: Nach Erkenntnissen von Kulturanthropologen ist es eine der wesentlichen Funktionen des Mythos, identitätsbildend zu wirken, und zwar besonders in persönlichen bzw. gemeinschaftlichen Übergangsstadien.[19] Einen entsprechenden direkten Hinweis erhalten wir zwar nicht in *Authentikos Logos*, aber in der verwandten Schrift *Die Exegese über die Seele*: In diesem Text erhält die Seele ihre »wahre Identität« durch den Vater als Teil ihrer Hochzeitsvorbereitungen mit dem himmlischen Bräutigam. Sowohl *Die Exegese über die Seele* als auch das Johannesevangelium werfen ein Licht auf die Funktion des Seelenmythos in *Authentikos Logos*, die man zusammenfassend etwa so beschreiben könnte: Der Leidensweg der gnostischen Seele-Göttin symbolisiert die Leiden einer in Isolation geratenen Gruppierung am Rande des Judentums. Auch wenn der Seelenmythos in *Authentikos Logos* noch nicht endgültig ins Mythologisch-Kosmogonische gewendet ist, wird hier ein wesentliches Element und vor allem die Motivation der gnostischen Mythen erkennbar. Sie ist unmittelbar mit der Soziologie der Gnosis, nämlich konkret mit der Entstehung gnostischer Gruppen oder Gemeinden verbunden. Durch die Verbindung von Kosmologie und Abstammungsmythologie, die die gnostischen Systeme des 2. Jahrhunderts kennzeichnet, bildete eine Gruppierung, die aufgrund der Neuorganisation des Judentums durch die Pharisäer nach der Katastrophe des Jüdischen Krieges in dieser Religionsgemeinschaft keine Heimat mehr hatte, ihre eigene Identität aus. Vieles spricht dafür, dass es sich bei dieser Gruppierung in erster Linie um ehemalige Sympathisanten des Judentums handelte.

Neben den Mythen gibt es leider keine gnostischen Original-zeugnisse über das tatsächliche Innenleben solcher Gemeinden. Unklar ist in der Gnosisforschung bis heute vor allem, was für eine Art ritueller Verrichtungen es in den gnostischen Grup-pierungen gegeben hat. Gnostiker neigten offenbar dazu, Kult-handlungen zu spiritualisieren und ihnen eigene Bedeutungen zu unterlegen, deren Kenntnis dann wichtiger war als der ausge-führte Ritus selbst. Ob Riten folglich mit verminderter Heilsbe-deutung praktiziert oder als praktische Kulthandlungen unter den Gnostikern völlig abgelehnt wurden, ist nach den Quellen nicht eindeutig zu entscheiden und wird in der Forschung kon-trovers diskutiert. So wird beispielsweise in der frühsethiani-schen *Apokalypse Adams* (ebenso wie in der *Zweiten Lehre des Großen Seth* und im *Evangelium der Ägypter*) der Gnosis- und Heilsbringer der Sethianer, hier »Phoster« (Erleuchter) genannt, zwar mit Wasser in Verbindung gebracht, aber als Kontrast zu seiner Vermittlung der Gnosis polemisiert der Text dann gegen diejenigen, die einen Wasserritus auch materiell durchführten. (NHC V,5,83,4-6) Jean-Marie Sevrin hat vorgeschlagen, den of-fensichtlichen Widerspruch zwischen Hochschätzung und Ver-werfung des Taufritus so aufzulösen, dass die Wassertaufe als sakramentale Handlung beibehalten, ihr jedoch ein nur den Gnostikern bekannter spiritueller Sinn unterlegt wurde.[20] Tat-sächlich ist die schwankende Haltung, die mehrere gnostische Texte gegenüber kultischen Handlungen einnehmen, wohl am besten erst einmal so zu deuten, dass auf der literarischen Ebene die spirituelle Interpretation der Taufe ausschlaggebend war, da-bei aber meistens die Möglichkeit, den Ritus nach wie vor real zu praktizieren, offen gelassen oder zumindest nicht von vornherein ausgeschlossen wurde. Inwieweit die einzelnen gnostischen Gruppierungen dann tatsächlich von dieser Möglichkeit praktischen Gebrauch machten, ist für uns nicht mehr nachzuvollziehen. Eine reservierte Haltung der Gnostiker in Bezug auf die Heilsbedeutung kultischer Handlungen ist jedoch für die frühe und mittlere Phase der Gnosis insgesamt schwerlich zu bestreiten.

Die sethianische Gnosis, also die Kombination von barbelognostischer Kosmogonie und dem Abstammungsmythos der sog. Seth-Menschen, zielte ganz auf einen absoluten Unterschied zwischen Gnostikern (Sethianern) und Nichtgnostikern ab. Mit der valentinianischen Gnosis änderte sich dies; die gnostische Anthropologie wurde differenzierter. Die Valentinianer kannten zwischen Gnostikern, die sie »Pneumatiker« (Geistige) nannten, und Nichtgnostikern (»Hylikern«, d.h. Irdischen) eine noch nicht festgelegte Gruppe von Menschen, die »Psychiker«. Diese standen also zwischen a priori erlösten Geistmenschen und a priori verderbten Hylikern. Sie konnten durch eigenes Zutun eine Entscheidung in die pneumatische oder in die hylische Richtung herbeiführen. Um erlöst werden zu können, benötigten diese »mittleren« Menschen Belehrung und spirituelle Anleitung von den Gnostikern. Es ist anzunehmen, dass auf diese Weise enge Lehrer-Schüler-Beziehungen entstanden, in denen Erlösungswissen auf einer sehr persönlichen Ebene mitgeteilt wurde. Dabei galt dieses Verhältnis nicht, wie man zunächst denken sollte, in erster Linie als wichtig für den Schüler, es diente mehr noch den Gnostikern zur Gestaltung ihres Pneumas; der Pneumatiker war also geradezu auf psychische Schüler angewiesen.

Vieles deutet darauf hin, dass die Valentinianer keine eigenen Gemeinden bildeten, sondern versuchten, eine Art höheren – visionsbegabten und predigenden [21] – Stand innerhalb christlicher Gemeinschaften zu bilden. Anders ergäbe die Betonung

ihres eigenen Nutzens durch die Belehrung suchenden Psychiker keinen Sinn, denn eigene Gemeinden hätten den Valentinianern eine eigene soziale Identität gegeben. So aber konnten sie
als Gnostiker nur ein eigenes Profil ausbilden und bewahren,
indem sie sich auch ideologisch sinnvoll mit Kirchenchristen
verbanden. Die Lehre von einem gegenseitigen Aufeinander-
angewiesen-Sein von Pneumatikern und Psychikern diente genau diesem Zweck. »Institutionalisierung« von Gnosis in ihrem
christlichen Stadium muss folglich so aufgefasst werden, dass
die späteren Gnostiker Mittel fanden, Christen zu werden oder
zu sein, sich christlichen Gruppierungen anzuschließen und zugleich Gnostiker mit eigenem, von dem der Nichtgnostiker
verschiedenen Heilsschicksal zu bleiben. Im Rahmen des Christentums konnte sich diese Konzeption der Valentinianer allerdings nicht lange behaupten. Sie scheiterte in der Auseinandersetzung mit der viel stärker organisationsgebundenen Institutionalisierung des Christentums in der entstehenden katholischen Kirche.

Die Begegnung und Auseinandersetzung
zwischen Gnosis und Christentum

Das Christentum als vorherrschende Religion der ausgehenden
Antike spielte in der Geschichte und für das Schicksal der Gnosis eine entscheidende Rolle. Schon im Laufe des 1. Jahrhunderts
n. Chr., als beide die Loslösung vom Judentum noch nicht vollzogen hatten, kämpften gnostische mit anderen Auffassungen
um das »richtige« Verständnis der christlichen Religion. Der von
etwa 45 bis 60 n. Chr. wirkende Apostel Paulus, selbst von gnostischen Tendenzen nicht ganz frei, wandte sich in mehreren seiner Briefe gegen Glaubensgegner, die sich weigerten, das Kreu-

zesgeschehen in den Mittelpunkt ihres Christentums zu stellen. Statt des Gekreuzigten und Auferstandenen verehrten sie in Jesus einen Lehrer mystisch-esoterischer Wahrheiten. Die meisten Gnostiker waren der Überzeugung, dass Christus ein rein geistiges Wesen sei, das keine Kreuzigung durchlitten haben könne. Wirklich gekreuzigt worden war nach ihrer Lehre entweder nur ein Scheinleib Christi oder eine völlig andere Person namens Simon. Für das Leben Jesu Christi und sein menschliches Schicksal, wie die neutestamentlichen Evangelien es berichten, haben sich gnostische Christen insgesamt nicht interessiert. Als gnostische Evangelien kursierten stattdessen unter den Namen der Apostel Thomas und Philippus gesammelte, zum Teil sehr rätselhafte Aussprüche Jesu. Dies ist historisch insofern interessant, als die synoptischen Evangelisten Markus, Matthäus und Lukas eine Spruchsammlung mit derartigen Logien, die heute in der Bibelforschung »Q« genannte Spruchquelle, gekannt und benutzt haben müssen. Die ersten Aufzeichnungen über Jesu Lehren scheinen also solche Sprüche gewesen zu sein, wie sie auch in gnostischen Kreisen überliefert wurden. Besonders dem gnostischen Thomasevangelium wird ein hohes Alter und eine entsprechende Authentizität zugetraut, da einiges in ihm herangezogene Material auch im Neuen Testament zu finden ist, freilich oft in ganz anderen Zusammenhängen. Für das sog. *Evangelium der Wahrheit*, eine valentinianische Predigt, ist unklar, ob die Eingangsworte der Schrift, nach denen sie heute zitiert wird, auch wirklich als ihr Titel galten. *Das Evangelium der Maria* (gemeint ist Maria Magdalena) aus dem Berliner Codex Gnosticus enthält ebenfalls keine biografischen Angaben zu Jesus, sondern einzig Maria Magdalena zugedachte Offenbarungsreden des Auferstandenen.

Die christliche Gnosis benennt unter den Schülern und Aposteln Jesu eine ganze Reihe von Gewährsleuten für ihre eigenen

Auffassungen. Sie widersetzte sich dem Anspruch der entstehenden zentralistischen Großkirche, die neue Religion auf eine einheitliche Linie festzulegen und diese der Autorität von formell legitimierten Amtsinhabern zu unterstellen. Dabei deutet alles darauf hin, dass es nicht so sehr theologische und christologische Auseinandersetzungen waren, die den Konflikt zwischen Kirche und Gnostikern schürten, denn solche wurden auch von gnostischen Zirkeln untereinander ausgetragen. Der unversöhnliche Gegensatz zwischen »Orthodoxen« und »Häretikern« entstand vielmehr aufgrund eines unterschiedlichen Verständnisses von geistlicher Berufung und Inspiration. Während es im großkirchlichen Rahmen mehr und mehr üblich wurde, kraft der unpersönlichen, institutionellen Autorität Ämter zu verwalten und zu verleihen, bewahrten die Gnostiker das Prinzip persönlicher Berufung durch den göttlichen Geist. Im 2. Jahrhundert sind bei den Gnostikern keine institutionellen Strukturen und kaum gemeinschaftsfestigende kultische Gewohnheiten feststellbar. Ihr eigenes Profil gewannen diese Christen dadurch, dass sie für sich selbst proklamierten, »Pneumatiker«, d.h. Geistmenschen, zu sein.

Schon Paulus stand vor dem Problem, die von ihm gegründeten Gemeinden im Streit darüber zu sehen, dass diese Pneumatiker sich selbst für vollkommen hielten, alle christlichen Verheißungen an sich bereits erfüllt sahen und auf andere Mitglieder herabschauten. Dabei pflegten die Pneumatiker Vorstellungen, die von Paulus geteilt wurden und möglicherweise sogar von ihm selbst in die betreffenden Gemeinden von Korinth und Philippi hineingetragen worden sind. Paulus war allerdings offenbar nicht bereit, seine eigene dualistische Anthropologie, die zwischen Pneumatikern (Geistesmenschen) und Sarkikern (Fleischesmenschen) unterschied, christologisch und soziologisch wie diese Gnostiker konsequent zu Ende zu denken. Er betonte stets die

Menschlichkeit und Leidensfähigkeit Jesu Christi am Kreuz, und von den geistig Vollkommenen erwartete er, obwohl sie seiner eigenen Ansicht nach vom Gesetz befreit waren, Sittlichkeit und Bescheidenheit, nicht aber Libertinismus. Was Letzteren angeht, sind Zweifel geboten, denn kein einziges Originaldokument bezeugt offene und selbstbewusste Ausschweifungen gnostischer Christen. Derartiges gehörte jedoch stets zum Repertoire der Verleumdungen, mit dem Kirchenvertreter ihre Gegner abzuqualifizieren versuchten. Zweifellos und sogar durch eine gnostische Gemeindeordnung unter den Nag-Hammadi-Texten belegt ist die Arroganz, mit der Pneumatiker nichtpneumatischen Gemeindemitgliedern begegneten, die sie »Psychiker« nannten.

Die *Die Interpretation der Gnosis* betitelte Schrift (NHC XI,1) versucht, zwischen Pneumatikern und Psychikern zu vermitteln, indem sie beiden einen rechtmäßigen und wichtigen Platz in der Gemeinde zuweist und sie ermahnt, sich gegenseitig zu achten und zu helfen. In diesem Sinne lehrte auch der Valentinianer Ptolemäus, dass Pneumatiker und Psychiker einander bedürften, wobei er eine solche Abhängigkeit bei den Pneumatikern stärker betont als bei den Psychikern, wo sie sich offenbar von selbst versteht.

Während der Valentinianismus mit Recht als christliche Gnosis angesehen wird, war die Christianisierung der sethianischen Gnosis deutlich oberflächlicherer Natur. Das Beispiel des *Eugnostosbriefs* und der *Sophia Jesu Christi* zeigt ziemlich genau, wie das barbelognostische System christianisiert wurde, nämlich durch die Einsetzung der Christusfigur als eine der zahllosen gnostischen Erlöser-, Helfer- und Mittlergestalten.

Eine herausragende Bedeutung als eigenständige Erlösergestalt kommt Christus nur in der *Geheimschrift des Johannes* zu. Im *Evangelium der Ägypter* erscheint er hingegen als eine Personifikation des eigentlichen Heilsbringers Seth. Vieles spricht dafür, die *Geheimschrift* ins 2., das *Evangelium der Ägypter* dagegen erst ins 3. Jahrhundert zu datieren. Der rätselhafte Text *Die zweite Lehre des Großen Seth* zeigt die sethianische Gnosis auf dem Höhepunkt ihrer Auseinandersetzung mit dem großkirchlichen Christentum. Er dürfte ebenfalls im 2. Jahrhundert entstanden sein, aber nach der Kurzfassung der *Geheimschrift*. Wie im *Evangelium der Ägypter* hat Christus hier kaum ein eigenes Profil, sondern wird mit Seth gleichgesetzt, als dessen Inkarnation er erscheint.

Seth-Christus ist ein Geistwesen, das sich in der Gestalt des Simon verkörpert und durch sein Erscheinen die Regenten der unteren Sphären in Bestürzung versetzt. Der Große Seth, der in dieser Schrift selbst zu seiner Gemeinde spricht, betont, dass er mit dem weltlichen Menschen Simon nichts gemein und dieser ihm nur als »leibliches Haus« gedient habe. (NHC VII,2,51,20-52,1) Bevor dieser »Leihkörper« gekreuzigt wird, verlässt Seth ihn wieder, um dann lachend über die Stätte des Geschehens zu schweben, während Simon an seiner Stelle Todesqualen leidet. (NHC VII,2,56,2-19)

In diesem Zusammenhang bezieht Seth in seiner Rede Stellung gegen diejenigen, »die eine Lehre eines Toten und Lügen aussprachen« (NHC VII,2,60,22), gegen die Anhänger des Gekreuzigten also, von dem im Wortlaut des Textes unklar bleibt, ob er überhaupt mit Jesus etwas zu tun hat. Der Name Jesu taucht in der *Zweiten Lehre des Großen Seth* nur einmal auf, und zwar in der Verbindung »Jesus Christus«, was mit Seth gleichgesetzt wird. Das kann nur so zu verstehen sein, dass der Verfasser das Geistwesen Jesus Christus dem Menschen Simon gegenüberstellt, der nun aber paradoxerweise in seinem Wirken nur mit Jesus identisch sein kann.

Auch das Motiv der Vollkommenheit der Gnostiker, wie es in den Paulusbriefen ausgeführt wird, tritt in der *Zweiten Lehre* auf und scheint besonders wichtig für ihr Selbstverständnis im Konflikt mit der Großkirche zu sein. Die Gemeinschaft des Seth mit seinen Anhängern wird im Bild der Brüderlichkeit ausgedrückt, wobei klar gesagt wird, dass die brüderliche Liebe nicht alle Menschen umfassen kann, sondern nur »die Vollkommenen«, die sich mit Seth, d.h. mit dem, der aus der »vornehmen Vaterschaft« stammt, verbinden. (NHC VII,2,62,6-18) All denen, die sich nicht mit ihm verbinden, ist er mithin feindlich gesonnen. (NHC VII,2,62,19) Die »brüderliche Liebe« dieses gnostischen Anführers macht also Unterschiede, und zwar mit einiger Wahrscheinlichkeit, wie eine spätere Textstelle andeutet, auch innerhalb einer Gemeinde. Der Text berichtet von den Wohltaten des Seth an denen, die seiner Gnosis teilhaftig bzw. die seinem Vorbild ähnlich geworden sind, und ihrer Belehrung in einer Gemeinschaft oder Kirche (griech.: »ekklesia«). Diese in himmlische Sphären verlegte Gemeinde spaltet sich bald, indem die Archonten eine eigene Vereinigung bilden, die nun nicht Ekklesia (Kirche), sondern einfach »Zusammenschluss« genannt wird, was sicherlich ihren niederen Charakter unterstreichen soll. (NHC VII,2,68,28-32) In diese archontische Vereinigung werden nun auch Mitglieder aufgenommen, die von ihrer Natur her mit Seth keine Gemeinschaft haben können: Die Archonten »schufen sich allein einen Zusammenschluss mit denen, die mit ihnen in einer Mischung einer Feuerwolke sind« (NHC VII,2, 68,32-69,1). Es findet hier demnach eine – für eine im Sinne des Seth ordentliche Gemeinde – unzulässige Mischung statt, in die auch andere Zeugungen der »Mischung« Eingang finden, insbesondere der Neid (NHC VII,2,69,2-6), womit wohl der Neid gegenüber den Vollkommenen gemeint ist.

Das Selbstverständnis der sethianischen Gemeinschaft in der *Zweiten Lehre des Großen Seth* korrespondiert den Vorwürfen, die der neutestamentliche erste Johannesbrief den Schismatikern macht, die sich soeben von der johanneischen Gemeinde getrennt haben. Der erste Johannesbrief entstand aus Anlass einer Auseinandersetzung innerhalb der johanneischen Schule mit nachfolgendem Schisma. So heißt es dort über die Verführer, vor denen der Autor seine Adressaten mit dem Traktat warnen will: »sie sind von uns gegangen«. Gegenstand des Schismas war in erster Linie das christologische Bekenntnis. Alles deutet darauf hin, dass die Gegner des Autors Doketen waren, die das Kommen des Erlösers im Fleisch bestritten. Schon zu Beginn der Schrift betont der Verfasser, dass »wir« etwas vom »Wort des Lebens« »gehört«, »mit unseren Augen geschaut« und »betastet« haben. Es geht also eindeutig um die Körperlichkeit des Erlösers. Im ersten Johannesbrief klingt an, dass die angegriffenen Gegenspieler von Jesus wissen, ihn aber nicht als Christus anerkennen: »sie leugnen, dass Jesus der Christus ist« (1Joh 2,22). Daran lässt sich erkennen, dass die als Häretiker ausgeschiedenen gnostischen Christen Anhänger einer Zweinaturenlehre waren, nach der der menschliche Jesus und der göttliche Christus nicht identisch sein können. Anhand des Bekenntnisses zu Jesus Christus, der »im Fleisch gekommen ist«, sollen die Adressaten des ersten Johannesbriefs feststellen, ob jemand (wörtl.: »ein Geist«, griech.: »to pneuma«) aus Gott (»tou theou«) ist oder nicht. (1Joh 4,2 f.) Die abgespaltenen »Antichristen« (1Joh 2,18) fühlten sich also diesem Bekenntnis nicht verpflichtet. Der Verfasser des Johannesbriefs nimmt für seine Adressaten nicht nur in Anspruch, dass sie die Körperlichkeit Jesu mit den eigenen Sinnen erfahren haben, sondern auch, dass sie selbigen »von Anfang an« »erkannt« hätten. (1Joh 2,3) Der Große Seth auf der anderen Seite betont, er sei »derjenige, den die Welt nicht erkannt hat« (NHC VII,2,64,13 f.). Dies ist eine logische Folge der typisch sethianischen Auffassung, Seth – mit dem später Christus gleichgesetzt wurde – sei ein »Fremder« in der Welt der »unteren Teile«. (NHC VII,2,52,9)[22] Auch hier entspricht somit die *Zweite Lehre des Großen Seth* der Häresie, gegen die der erste Johannesbrief Stellung bezieht.

Einen weiteren Hinweis auf die inhaltliche Verbindung der beiden Texte liefert der Vorwurf des ersten Johannesbriefs, die sog. Irrlehrer würden behaupten, sie hätten keine Sünde. Vor diesem Gedanken warnt der Verfasser des Johannesbriefs seine Adressaten: »Wenn wir sagen, dass wir nicht gesündigt haben, machen wir ihn [Jesus] zum Lügner.« Sich hier einpassend, wiederholt der Große Seth in einer Art Refrain zu der Passage, die die maßgeblichen Gestalten der jüdisch-alttestamentlichen Glaubenstradition der Lächerlichkeit preisgibt (NHC VII,2,62,67-65,2): »wir haben nicht gesündigt«. Schließlich betont der erste Johannesbrief die Notwendigkeit einer die ganze Gemeinde umfassenden christlichen Bruderliebe, die die gnostischen Gegenspieler in dieser Form infrage stellen und nur für einen Teil der Gemeinschaft, »die Vollkommenen«, geltend machen. Damit spricht einiges dafür, dass die schismatischen Gegner des ersten Johannesbriefs Sethianer waren. Ob eine frühe Version sethianischer Gnosis in christlicher Überformung auch in der Grundschrift des Johannesevangeliums vorlag, ist wohl nicht mehr zu klären. Der Redaktor, der diese Grundschrift bearbeitete, ist nach Auffassung der meisten kritischen Forscher mit dem Verfasser des ersten Johannesbriefs identisch.

Die verhältnismäßig große Zahl an gnostischen Originaltexten, die ein sethianisches System oder zumindest sethianische Elemente aufweisen, ermöglicht es, verschiedene Phasen in der Geschichte der Gnosis auszumachen: In manchen ließ sie sich stark von christlichen Ideen beeinflussen, in anderen wies sie das Christentum schroff zurück. Ebenso wie im *Eugnostosbrief* und in der *Sophia Jesu Christi* eine allmähliche Christianisierung abzulesen ist, kann man an späteren Texten, die ins 3. Jahrhundert fallen dürften, also wahrscheinlich nach der polemischen Auseinandersetzung mit der entstehenden kirchlichen Orthodoxie verfasst wurden, eine Entchristianisierung feststellen. Die Erklärung Jesu Christi als eine Inkarnation des Großen Seth im *Evangelium der Ägypter* und in der *Zweiten Lehre des Großen Seth* wurde bereits erwähnt.

Eine weitere sethianische Schrift, *Die dreigestaltige Protennoia*, wurde wegen auffälliger Parallelitäten zum Prolog des Johannesevangeliums zunächst für vorchristlich gehalten. Dann jedoch stellte man fest, dass *Die dreigestaltige Protennoia* das sethianische System voraussetzt, das folglich zur Zeit der Abfassung dieses Textes bereits vorgelegen haben muss.[23] Auch wurde nachgewiesen, dass der Verfasser bzw. die Verfasserin der *Protennoia* neutestamentliche Texte gekannt haben muss, nicht aber umgekehrt die neutestamentlichen Autoren die *Protennoia*. Wesentlich für die Beziehung dieses Textes zum Christentum ist, dass in einer längeren Passage mit offenbar antichristlichem Impetus christliche Christologie doketisch-gnostisch uminterpretiert wird. (NHC XIII,1,49,5-50,15) Allerdings ist es hier nicht Christus, der die menschliche Gestalt Jesu annahm, sondern es ist Protennoia selbst. Die Christusvorstellung fehlt auffälligerweise in dieser Schrift vollständig, und zwar wurde sie sehr wahrscheinlich nachträglich aus einem christlichen Zusammenhang eliminiert. Gesine Schenke, die *Die dreigestaltige Protennoia* herausgegeben hat, hat das kuriose Verständnis des Kreuzesgeschehens durch die sich offenbarende Protennoia mit folgenden Sätzen treffend paraphrasiert: »Bei meinem Abstieg täuschte ich den Demiurgen, so daß er mich für seinen Sohn hielt. Und diese Rolle behielt ich in seinen Augen konsequent bei bis zum Tode am Kreuz, bis ich dadurch, daß ich Jesus auferstehen ließ, und durch die Vermittlung der Gnosis an die, die mein wahres Wesen erkannten, der Unwissenheit des Chaos über mich ein Ende machte und so den Demiurgen und sein Gefolge zuschanden machte.«[24]

Dennoch bleibt die Kreuzigung für diese Gnostiker Heilsgeschehen, an das die Auferstehung und die Offenbarung der Gnosis geknüpft sind.[25] Daneben hat Robert Wilson auf weitere Textstellen aufmerksam gemacht, die auf der *Dreigestaltigen Protennoia* zugrunde liegende christliche Konzeptionen bzw. auf »orthodox« christliche Rhetorik hindeuten.[26] Nach alldem muss man davon ausgehen, dass mit der *Protennoia* ein wieder entchristianisiertes Stadium sethianischer Gnosis vorliegt, denn gnostische Polemik gegen christliche Auffassungen ist zwar häufig, aber sie erfolgt immer von einem Standpunkt christlicher Gnosis her. Diese Schrift jedoch kann man nicht mehr als christlichen Text bezeichnen.

Ein ähnlicher Sachverhalt ergibt sich für einen weiteren sethianischen Text, nämlich *Zostrianos*, der bis auf eine einzige kurze Andeutung völlig frei von christlichen Einflüssen ist. (Der Name »Zostrianos« ist sehr wahrscheinlich eine Abwandlung von »Zoroaster«, der griechischen Form von »Zarathustra«.) Hier findet sich eine merkwürdige Anspielung auf Jesu Passion (NHC XIII,1,48,27-29), die ohne die Voraussetzung, dass der Autor mit christlichen Vorstellungen vertraut war, völlig unerklärlich ist. Wenngleich weder Jesus noch Christus ausdrücklich genannt werden, gibt es für eine andere Deutung keine religionsgeschichtlichen Hinweise. Der unter den Nag-Hammadi-Schriften gefundene Text *Zostrianos* stammt offensichtlich aus einer Hand; eine kompliziertere Redaktionsgeschichte, wie sie für *Die dreigestaltige Protennoia* wahrscheinlich ist, dürfte hier angesichts der gerade für gnostische Textverhältnisse auffälligen Klarheit der Zusammenhänge kaum vorliegen. Dennoch mag es verschiedene Versionen gegeben haben. Gnostische Zoroaster-Schriften – d.h. Schriften, die mit dem persischen Religionsstifter Zoroaster (Zarathustra) in Verbindung gebracht werden – scheinen nämlich über einen längeren Zeitraum recht verbreitet gewesen zu sein, jedenfalls ist das nach der vergleichsweise häufigen Erwähnung bei verschiedenen antiken Autoren zu vermuten. So erwähnt bereits Clemens von Alexandria um 150 n. Chr. Gnostiker, die im Besitz eines Zoroaster-Buchs gewesen sein sollen. (Strom I,15) Weitere Hinweise auf eine solche gnostische Schrift stammen von Porphyrios und Plotin aus dem 3. Jahrhundert. Dabei nennt noch Porphyrios ausdrücklich Christen als Benutzer des Textes. Wenn nun in unserem Originaltext aus Nag Hammadi sich ein Relikt verchristlichter sethianischer Gnosis eingestreut findet, die Schrift im Großen und Ganzen aber eindeutig unchristlich ist, muss hier ein weiterer Fall von Entchristianisierung verchristlichter sethianischer Gnosis angenommen werden. Der Autor von *Zostrianos* war entweder ein Christ, der sich von seinem Christsein gerade weitgehend distanzierte, oder – was noch wahrscheinlicher ist – ein Nicht-Christ, der aber von einer Tradition zehrte, die vor kurzem noch christlich bzw. verchristlicht war.

Demgegenüber sind für die spätsethianischen *Bücher Jeu* und die *Pistis Sophia* eine erneute Rechristianisierung und sogar eine Wiederannäherung der Gnosis an ein kirchliches Milieu zu konstatieren.[27] Was hier christianisiert wurde, war ein Konglomerat aus magisch-eklektischen Vorstellungen des platonisierenden Heidentums, wie es vor allem für Alexandria bezeugt ist, und jüdischen Anteilen, auf die Verbindungen der genannten Texte zur Hekhaloth-Literatur und die frühe Kabbala hinweisen. Auch ist bereits ein Einfluss manichäischer Konzeptionen, wie er in mehreren koptisch-gnostischen Texten des 4. Jahrhunderts festgestellt werden kann, vorauszusetzen.

Eine ähnlich komplexe Beziehung zum Christentum kann auch für die Mandäer angenommen werden. Vereinzelte christliche Elemente, die eindeutig sekundären Charakters sind, stehen in dieser gnostischen Religion neben einem ausgesprochenen Antichristentum. In mandäischer Polemik erscheint Christus als ein Sohn der Ruha, der Teufelin, die die niedere Welt erschaffen hat; und die christlichen Riten und Gewohnheiten, besonders das Mönchtum, werden dämonisiert und verspottet. Der dänische Forscher V. Schou Pedersen[28] gelangte aufgrund dieser Befunde zu der Auffassung, dass auch der Mandäismus ein christliches Stadium durchlaufen haben müsse. Seine Ansicht ist nicht unumstritten, erhält aber vor dem Hintergrund der sethianischen Entwicklung neues Gewicht.

Das Verhältnis der Gnosis zu einem wie immer gearteten Christentum, genauer gesagt zu verschiedenen Christentümern, ist also sehr vielschichtig. Wahrscheinlich hat die Gnosis im Laufe ihrer Entwicklung mehrere und verschiedene christliche Stadien gekannt.

4. Mystische Entwicklungen der Gnosis

Barbelo und andere gnostische Göttinnen

Die mythische Identitätsfindung der Gnostiker, die sich seit dem letzten Drittel des 1. Jahrhunderts gegen das Judentum und dann im Laufe des 2. Jahrhunderts gegen das verkirchlichte Christentum abgrenzten, kam um 300 n. Chr. zu einem gewissen Abschluss. Die Texte lassen erkennen, dass die Religiosität der Gnostiker im 3. Jahrhundert eine andere Richtung nahm. Sie entfernte sich zusehends von der systemisch-mythischen Spekulation und näherte sich wieder stärker einer mystisch-philosophischen Gedankenwelt an, von der sie wahrscheinlich schon seit dem 1. Jahrhundert v. Chr. ihren Ausgang genommen hatte. Dieser Wandel lässt sich zunächst an der veränderten Zeichnung der mythischen Frauengestalten ablesen. Sophia, die in den gnostischen Systemen des 2. Jahrhunderts die zentrale Figur und der entscheidende Motor der mythischen Handlung war, tritt in den späteren sethianischen Texten mehr und mehr in den Hintergrund. Die Aufmerksamkeit wendet sich anderen Erscheinungen des weiblichen Prinzips zu, das nun nicht länger wie die sethianische und valentinianische Sophia ein weit vom obersten Gott entfernter Äon ist, sondern seine unmittelbare Paargenossin, die ihn sogar in den Schatten stellen bzw. ersetzen kann.

Diese Entwicklungen gehen von der Barbelo aus. Es ist anzunehmen, dass diese gnostische Göttin zunächst das positive Pendant zu Sophia bilden sollte, die ganz nach unten ins Pleroma

versetzt und mit der ausführlichen Beschreibung ihres »Sünden-
falls« gewissermaßen dämonisiert wurde. Barbelo erfährt in der
Handlung gnostischer Mythen zunächst nicht sehr viel Aufmerksamkeit, sie verblasst neben dem männlichen Gott, der im
Gegensatz zu ihr auf den ersten Seiten der *Geheimschrift des Johannes* ausführlich beschrieben wird. Allerdings beruhen im barbelognostischen Mythos die ersten intelligiblen Zeugungen auf
ihrer ausdrücklichen Initiative. Dabei schafft Barbelo nicht wie
Sophia selbst; sie bittet vielmehr den Vater um Schöpfung. Vergleicht man beide Figuren, so erscheint Barbelo als Ideal des
Weiblichen nach den Wertvorstellungen ihrer Zeit, die die von
den Frauen errungene Emanzipation in den Wirren des frühen
Römischen Reiches zu überwinden trachteten.

Die Gnosis war von diesem Konflikt um die Rolle der Frau
ebenso betroffen wie das frühe Christentum. In der alttestamentlichen Tradition (Propheten Hosea und Jeremia sowie das
Hohelied) wurde das Thema der Trennung zwischen Männli-
chem und Weiblichem und ihrer (Wieder-)Aufhebung in der
theologischen Dimension paradigmatisch für die Trennung bzw.
Einheit von Gott und den Menschen. Das Symbol für die Einheit von Gott und Israel bzw. später von Gott und den Menschen war und blieb die sexuelle Vereinigung von Mann und
Frau. Alle Lasten und Gefahren, die mit der Sexualität verbunden wurden, projizierte man auf das Weibliche, von dem dann
die Göttlichkeit konsequenterweise freigehalten werden konnte.
Geht es um die Vereinigung zwischen Mensch und Gott, so
wird der Mensch als Seele weiblich vorgestellt. Dass die Vereinigung idealisiert, das sexuelle Begehren als ihr Mittel aber abgelehnt wurde, konnte nur Probleme bereiten, und diese Probleme
manifestieren sich in den Frauengestalten christlicher und gnostischer Mythen. Die Vereinigung zwischen Mensch und Gott
wurde nach wie vor in sexuellen Bildern symbolisiert, zugleich

aber war die Keuschheit im Laufe der Jahrhunderte antiker Kulturentwicklung, auf die hier nur in Ansätzen eingegangen werden kann, zum religiös-kontemplativen Ideal geworden.

Die soziologische Symbolik der Verweigerung sexueller Vereinigung im Frühchristentum hat vor allem die angelsächsische Forschung näher untersucht. In ihr drückt sich eine Verweigerung der Partizipation an der antiken Mainstream-Gesellschaft aus, die durch Bande von Heirat, Familie und Verwandtschaft zusammengehalten wurde.[29] Der Verlust von Jungfräulichkeit war in diesem Sinne in erster Linie ein sozialer Akt, durch den eine Frau ebenso wie ihr Mann vollwertige und voll handlungsfähige Mitglieder der Gesellschaft wurden.[30] Die Geschlechtertrennung, d.h. die Existenz zweier unterschiedlicher Geschlechter mit unterschiedlicher sozialer Stellung und unterschiedlichen Aufgaben, war im Römischen Reich ein fester Bestandteil der rechtlichen Ordnung.[31] Dabei hatte die Antike ganz andere Vorstellungen vom Vollzug der Geschlechtertrennung als unsere Zeit. Das Geschlecht wurde weniger als eine Tatsache der Biologie angesehen denn als Ergebnis einer moralischen und habituellen Konstitution des Menschen. So war das weibliche Geschlecht nicht der biologische Gegenpol zum männlichen, es galt vielmehr als unvollkommene Männlichkeit, an der die Frau arbeiten konnte (wenn auch nach der traditionellen Gesellschaftsideologie nicht sollte). Umgekehrt konnte ein biologischer Mann, wenn er nicht aufpasste und keine Disziplin hielt, auf den Zustand der Weiblichkeit hinuntersinken.

Abgesehen von den ägyptischen Mönchen, deren verzweifelte Kämpfe gegen sexuelle Wünsche und Fantasien, wiederum inkarniert im Bild der verführerischen Frau, relativ gut dokumentiert sind, beschäftigte sich die frühchristliche Literatur – ganz anders als die griechisch-hellenistische Philosophie – sehr viel ausgiebiger mit weiblicher als mit männlicher Keuschheit. Das könnte neben der notorisch anzutreffenden Tatsache der Projektion aller Sündenfantasien und folglich auch Erlösungsfantasien von Männern auf die Frau damit zu tun haben, dass weibliche Enthaltsamkeit folgenreicher war als männliche. Männliche Keuschheit war bloß gottgefällig, die weibliche aber brachte für die Frau eine grundlegende anthropologische und soziologische Veränderung: Durch sie wurde die Frau in gewissem Sinne zum Mann. Das Ideal der Androgynität im frühesten Christentum und in der Gnosis des 2. Jahrhunderts lief keineswegs auf ein gleichermaßen männliches wie weibliches Zwitterwesen hinaus, aus dessen Konstruktion man ein Bemühen um Gleichberechtigung der Geschlechter herauslesen könnte, sondern es war ein Ideal der Vermännlichung und damit der Vervollkommnung des von Natur aus unvollkommenen Weiblichen.[32]

Vor dem Hintergrund solcher Vorstellungen ist die gnostische Barbelo zu verstehen. Sie ist jungfräulich, frei von sexueller Begierde und damit »männlich«. Gleichzeitig erfüllt sie die Verhaltenskriterien, die Frauen auferlegt waren, nämlich Passivität und Unauffälligkeit.

Die Gnosis des 3. Jahrhunderts, die – mit der wichtigen Ausnahme Manis – am besten im Zeichen eines Prozesses interpretiert werden kann, den Hans Jonas als »Objektivierung«, als Umarbeitung des Mythos in Philosophie, bezeichnete, widmete der Barbelo und ihr ähnlichen Göttinnen mehr Aufmerksamkeit als der Mythos der *Geheimschrift des Johannes*. Die Unterstellung eines weiblichen Defekts wurde weitgehend aufgehoben. So wurde aus dem spätsethianischen *Evangelium der Ägypter* das Motiv einer Verfehlung der Sophia schlicht eliminiert und der männliche Erleuchter Eleleth für die Entstehung der unteren Welt verantwortlich gemacht. In der *Dreigestaltigen Protennoia*, ebenfalls einer sethianischen Spätschrift, ist das Sophia-Motiv zwar noch vorhanden, aber die Figur wird nicht mehr für die Entstehung der unteren Welt verantwortlich gemacht. Weibliche Symbolik wurde in monistischen Weiterführungen sethianischer und simonianischer Spekulation vorwiegend positiv besetzt.

Anders als in den Frühschriften der Barbelo-Gnosis, wo weibliche Himmelswesen in androgyner Vereinigung mit männlichen erscheinen, sind die Texte des 3. Jahrhunderts dadurch charakterisiert, dass Barbelo in sich selbst »männlich« geworden ist und ein männlicher Paargenosse fehlt. Die Göttin ist noch immer dem Vater als höchster Gottheit nachgeordnet, aber sie erhält eine wichtige eigene Qualität dadurch, dass sie diejenige ist, die aus der Einheit die Vielfalt macht. Die späte Barbelo ist dem Nous gleich und aktiv, sie wird als Offenbarerin der Gnosis und als Erlöserin verehrt. Die sethianische Spätschrift *Die drei Stelen des Seth* (NHC VII 5) enthält drei Anbetungshymnen an himmlische Gestalten: an den Urmenschen Adamas, an die Barbelo und an die höchste männliche Gottheit. Sie beweist, dass Barbelo als hohes göttliches Wesen verehrt wurde und dass die sethianischen Gnostiker der Spätzeit sich mit ihr identifizierten. Thematisiert wird vor allem Barbelos Potenz zur Vervielfältigung. Durch ihr Hervortreten aus dem Vater entstand aus der Einheit die Vielfalt und sie schafft selbst weitere Äonen.

Die monistische Tendenz macht sich auch darin bemerkbar, dass Barbelo mit anderen, männlichen Göttern, dem »Knaben«, dem »Vater«, dem Nous (griech.: »Verstand«), verschmelzen kann. Das ist insofern bemerkenswert, als dies der valentinianischen Sophia des 2. Jahrhunderts verwehrt war. Sophia fiel ja gerade deswegen, weil sie nicht dieselbe Erkenntnis erlangen konnte wie der Nous.

Noch deutlicher als bei Barbelo in den *Drei Stelen des Seth* ist bei Barbelo-Protennoia der aktive Charakter der Göttin hervorgehoben. In der Schrift *Die dreigestaltige Protennoia* haben wir es mit drei Reden einer weiblichen Gottheit zu tun, wobei die erste durch hymnisch gehaltene Antworten der Adressaten unterbrochen wird. Es handelt sich also bei der Offenbarung einer handelnden Gestalt des gnostischen Mythos um einen völlig anderen Texttyp als bei der *Geheimschrift des Johannes*.

Die dreigestaltige Protennoia zehrt eklektisch von Elementen der Mythologie des »sethianischen Systems«, präsentiert aber dieses »System« nicht mehr als solches, sondern setzt seine Kenntnis gewissermaßen voraus. Der Text verwendet nur noch gleichsam spielerisch einige seiner Inhalte als Substanz der göttlichen Rede. Gleichwohl wandelt er sethianische Inhalte in entscheidender Weise ab; an erster Stelle gehört dazu die Figur der Göttin selbst. Unbestreitbar handelt es sich bei ihr um eine Ausgestaltung der Barbelo-Gestalt, die ihrerseits als positiver Aspekt der gnostischen Sophia gedeutet werden kann. In der *Dreigestaltigen Protennoia* wird Protennoia ausdrücklich mit Barbelo gleichgesetzt. (NHC XIII,1,38,9) Sie behält wesentliche Kennzeichen der »klassischen Barbelo« bei, nämlich Jungfräulichkeit und Androgynität. Während aber in der klassisch-sethianischen Mythologie der *Geheimschrift des Johannes* Barbelo kaum eine Rolle spielt, steht sie nun als sprechende und handelnde gnostische Göttin im Mittelpunkt. Diese – immer noch mythologische – Konzeption einer weiblichen All-Göttin ist eine Innovation der späten Gnosis. Dabei fällt auf, dass die Langfassung der *Geheimschrift* einen späteren Einschub erhält, der in einer Offenbarung der Pronoia besteht. (NHC II,1,30,11-31,9) Dieser Einschub weist eine sehr enge Verwandtschaft zur *Dreigestaltigen Protennoia* auf, er ist gleichsam eine Kurzfassung von Protennoias Offenbarung und belegt somit dieselbe Entwicklung.

Die Qualität der Protennoia ist vor allem die einer Erlösergottheit. Sie ist diejenige, von der der befreiende »Ruf« an die Gnostiker ergeht. Dieser Ruf nimmt entweder im Logos-Christus mythologische Gestalt an (NHC XIII,1,37,5 f.) oder Protennoia ist selbst dieser Ruf (NHC XIII,1,42,4). Als Bringerin von Taufe, Gnosis und Erlösung steigt Protennoia selbst in die Unterwelt, die Schlechtigkeit oder das Chaos hinab (NHC XIII,1, 36,4-10), um die Gnostiker – die hier in typisch sethianischer Manier als diejenigen definiert werden, die aufgrund ihres (Licht-) Samens die Göttin erkennen (NHC XIII,1,36,15-16.23) – zu befreien. Zwar wird Protennoias Präexistenz »vor dem All« (NHC XIII,1,35,30 f.), in dessen Gesamtheit sie waltet und mit dem sie sogar gleichgesetzt wird, betont, aber die Schöpfung der Äonen bleibt einem männlichen Prinzip, dem Logos oder Christus, vorbehalten. (NHC XIII,1,38,7 f.) Protennoia ist an dieser Tat nur mittelbar in ihrer Eigenschaft als Gedanke des Vaters beteiligt, was allerdings nichts daran zu ändern scheint, dass sie Christus-Logos, der von ihr seine Herrlichkeit empfangen hat (NHC XIII,1,37,31 f.), deutlich übergeordnet ist. Aktiv hingegen »gestaltet« Protennoia das All (NHC XIII,1,38,12), wobei dieser Terminus in gnostischen Texten stets mit einem Erlösungs-, nicht mit einem ursprünglichen Schöpfungsvorgang in Zusammenhang steht.

Die gnostische Göttin Protennoia verkörpert ein monistisches Prinzip. Wenngleich im Text von einer niederen Welt die Rede ist, wird die Entstehung der über sie herrschenden Dämonen nicht auf den Fall eines weiblichen Wesens, sondern auf den Erleuchter Eleleth zurückgeführt. (NHC XIII,1,39,13-28) Allerdings wird unmittelbar im Anschluss an diese Episode dann doch das Fehlen einer »Epinoia des Lichtes«, die den Dämonen Jaldabaoth hervorgebracht haben soll, kurz erwähnt. (NHC XIII,1,39,32-34) Ihre Schuld an der Weltschöpfung ist gegenüber der klassisch-barbelognostischen Kosmogonie deutlich gemindert: Sie wird als »arglose Sophia« bezeichnet, die durch nicht weiter spezifizierte niedere Mächte überwältigt worden sei. (NHC XIII,1,39,29.40,14 f.) Noch deutlicher wird die allmähliche Überwindung des Dualismus der Gnosis hier mit der Erwähnung, dass Protennoia nicht nur den Gnostikern, sondern auch Archonten, Dämonen und den hylischen Seelen innewohne. (NHC XIII,1,35,15-18)

Mit Protennoia verwandt ist die zweite voll ausgebildete Variante der spätgnostischen Göttin, Bronté (»Donner«), deren Selbstoffenbarung ebenfalls einen gesamten Text bestimmt. (NHC VI,2) Ebenso wie *Die dreigestaltige Protennoia* als Ausführung des Pronoia-Monologs aus der *Geheimschrift des Johannes* erscheint, hat auch die Schrift *Bronté* Parallelen zu anderen Texten. Es handelt sich um eine Erwähnung in der von Hippolyt zitierten *Megale Apophasis* (HippRef 6,9-18) und um zwei Abschnitte in den verwandten Nag-Hammadi-Texten aus Kodex II: *Die Hypostase der Archonten* (II,4) und *Vom Ursprung der Welt* (II,5). Der entsprechende Passus in der *Megale Apophasis* bezieht sich auf eine abstrakte Kraft, die als »sich selbst zeugend, sich selbst vermehrend, sich selbst suchend, sich selbst findend, ihre eigene Mutter, ihr eigener Vater, ihre eigene Schwester, ihr eigener Gemahl, ihre eigene Tochter, ihr eigener Sohn, Mutter, Vater, eins, Wurzel des Alls« bezeichnet wird. (HippRef 6,17,3) Dagegen ist in den genannten Nag-Hammadi-Texten Eva die Gemeinte, im *Ursprung der Welt* sogar wie Bronté die selbst Sprechende, der die Attribute der Jungfrau, der Mutter, der Frau/Gattin, der Hebamme/Ärztin und der Schwangeren/Gebärenden zugeschrieben werden. (NHC II,4,89,5,16²) Vor allem aber weist die Schrift Anklänge an die Erzählungen auf, die oben als »gnostischer Seelenmythos« wiedergegeben worden sind. Es handelt sich bei diesem Text offenbar um eine späte Weiterentwicklung der simonianischen Gedankenwelt.

Wie Protennoia ist Bronté eine gnostische Allgöttin, wobei hier die gnostische Kosmologie endgültig monistisch geworden ist. Die Paradoxa des Textes erklären sich so aus der die Gegensätze umfassenden und vereinenden Qualität der höchsten Gottheit. Protennoia beschreibt sich in Übereinstimmung mit der sethianischen Kosmologie als »Gedanke, der im Vater wohnt« (NHC XIII,1,35,1 f.) oder »Gedanke des Vaters« (NHC XIII,1, 36,17); es gibt also noch eine höchste männliche Gottheit über ihr, die im Übrigen aber völlig vernachlässigt wird. Bei Bronté ist Ähnliches höchstens in der ersten Zeile des Textes impliziert, wenn es heißt, sie sei »ausgesandt worden von der Kraft«. An anderer Stelle jedoch ist Bronté die »Mutter ihres Vaters« (NHC VI,2,13,30 f.), sodass sie in letzter Konsequenz ihm als erstes oder ursprüngliches Prinzip übergeordnet ist. Man kann Protennoia als handelnden, aktiven Aspekt der höchsten Gottheit verstehen; Bronté hingegen hat alle Qualitäten der typischerweise männlichen Gottheit übernommen, allerdings ohne die Qualitäten der weiblichen gnostischen Göttinnen Ennoia, Sophia und Barbelo dabei abzustreifen. So wird in dem Text sogar das simonianische Thema der Hure wieder aufgenommen, jetzt freilich so in das (weibliche!) Gottesbild integriert, dass Hure und Heilige (NHC VI,2,13,18) auf einer Stufe stehen, während die Gnosis des 2. Jahrhunderts beide getrennt hatte, indem die fehlhandelnde Sophia neben die vollkommene Barbelo oder Ennoia getreten war. Somit wird hier in der Person der Bronté, die Sophia und Barbelo wieder zusammenbringt, der gnostische kosmologische Dualismus vollständig aufgelöst.

Die Erfahrung himmlischer Welten: Gnostische Seelenaufstiegsrituale

Im dritten Kapitel wurden bereits die speziellen Vorstellungen der Gnostiker von geistlicher Autorität erläutert. Mit einiger Wahrscheinlichkeit sind sie ein entscheidendes Kriterium für die

Gnosis überhaupt, denn gerade hier manifestiert sich der organisatorische Widerstand, mit dem sich die Gnostiker sowohl vom rabbinischen Judentum als auch vom kirchlichen Christentum absetzten und in dem man letztlich das Movens für die Ausbildung einer eigenen ideologischen und soziologischen gnostischen Identität suchen muss. Auseinandersetzungen zwischen kirchenkonformen Christen einerseits und sethianischen und valentinianischen Christen andererseits scheinen sich jedenfalls in der Hauptsache nicht um Fragen des religiösen Überbaus gedreht zu haben, sondern ganz konkret um Probleme gemeindlicher Organisation. Valentinianer erregten bei »Orthodoxen« vor allem damit Anstoß, dass sie kirchliche Autoritätsstrukturen nicht anerkannten bzw. sich um sie nicht kümmerten. Die Folge der Auseinandersetzungen mit der entstehenden Großkirche war im 3. Jahrhundert eine Marginalisierung der Gnosis; Kirchengeschichten sprechen oft von ihrer »Überwindung«. Dies ist insofern richtig, als die Gnostiker aus der Kirche heraus in einen religiösen Untergrund abgedrängt wurden, von wo sie aber weiterhin jüdische und christliche ebenso wie heidnische Strömungen beeinflussten.

Die Auseinandersetzungen mit dem sich verkirchlichenden Christentum, wie sie besonders in einigen valentinianischen Texten erkennbar sind, lassen vermuten, dass die Valentinianer keine eigenen Gemeinden bildeten. Vielmehr bildeten sie, wie bereits geschildert (vgl. Kap. 3, S. 59 f.), einen höheren Stand innerhalb christlicher Gemeinschaften. Der ptolemäische Mythos beschreibt das Verhältnis zwischen pneumatischen Geistesmenschen und minderbemittelten Psychikern als das einer gegenseitigen Angewiesenheit, wobei es für die Pneumatiker offenbar wichtiger ist als für die Psychiker. Die Beziehung zu den Psychikern diente nämlich Ersteren zur Gestaltung ihres Pneumas. Soziologisch gesehen, hätte das Angewiesensein der Pneumatiker auf die Belehrung suchenden Psychiker keinen Sinn, wenn selbstständige Gemeinden den Valentinianern eine eigene soziale Identität gegeben hätten. Dies war offenbar nicht der Fall. Die Valentinianer scheinen ebenso wie die christianisierten Sethianer hinter der Schrift *Die zweite Lehre des Großen Seth* zunächst Sondergrüppchen in den christlichen Gemeinden gebildet zu haben. Als Gnostiker konnten sie, wie gesagt, eine unverwechselbare Identität nur dadurch entwickeln, dass sie ihr Verhältnis zu den Kirchenchristen genauer definierten. Diese Funktion erfüllte die Lehre von der gegenseitigen Abhängigkeit der Pneumatiker und Psychiker. Auf solche Weise konnten Sethianer, Valentinianer und wahrscheinlich auch andere Gnostiker, über die entsprechende Textzeugnisse fehlen, christlichen Gruppierungen angeschlossen sein und zugleich Gnostiker mit eigenem, von dem der Nichtgnostiker verschiedenen Heilsschicksal bleiben.

Nach der Trennung vom kirchlichen Christentum und seinen gemeindlichen Strukturen und mit zunehmender Entchristianisierung im 3. Jahrhundert jedoch institutionalisierte sich die Gnosis in engen Lehrer-Schüler-Beziehungen, in denen Erlösungswissen auf einer sehr persönlichen Ebene mitgeteilt wurde. Die Gnostiker bildeten in stärkerem Maße als bisher das Prinzip einer spirituellen Führung von Psychikern durch Pneumatiker aus. Einige sethianische und später auch manichäische Texte geben hier genauere Aufschlüsse. Sie lassen auf eine rituell durchgeführte Seelenreise bei den späteren Gnostikern mit Initiationscharakter schließen. Berichte über solche Erfahrungen sind in drei Texten aus Nag Hammadi, *Zostrianos* (NHC VIII,1), *Allogenes* (NHC XI,3) und *Marsanes* (NHC X), jeweils nach ihren Gewährsleuten genannt, festgehalten worden. Zostrianos, Allogenes und Marsanes werden jeweils von himmlischen Wesenheiten angesprochen und dann zur Schau der immateriellen Welten emporgeführt. Nach dem Aufstieg und Wiederabstieg legen sie ihre Erfahrungen schriftlich nieder. Zostrianos versteckt sie zu späterem Gebrauch für die, »die nach ihm kommen«, für die »Auserwählten« (NHC VIII,1,130,1-4), womit nur die Sethianer gemeint sein können. Etwas anders übergibt Allogenes seine Niederschrift an einen für uns kaum näher bestimmbaren Messos, den er seinen Sohn nennt. (NHC XI,3,68,26-31) *Marsanes* ist bedauerlicherweise so fragmentarisch, dass die näheren Umstände der Niederschrift des Visionärs nicht rekonstruierbar sind. Dennoch scheint klar zu sein, dass mit den Aufstiegs- und Visionsberichten der Anspruch erhoben wird, selbige seien von einer legendären Gestalt, wie Zostrianos oder Seth (=Allogenes), entweder an alle Sethianer oder an einen ihrer Vertreter gegeben worden, um der Gruppierung geheimes Wissen zuteil werden zu lassen. Die interessante Frage ist nun, wie diese Wissensvermittlung praktisch vor sich gegangen ist. In *Allogenes* erhalten wir diesbezüglich etwas konkretere Angaben: An Messos ergeht durch Allogenes ein ausdrückliches Verkündigungsgebot (NHC XI,3,69,15 f.), was darauf schließen lässt, dass die Erfahrungen des Allogenes durch einen Mittelsmann an die Sethianer weitergegeben werden. Messos ist also jemand, der durch exklusiven Kontakt zu Seth-Allogenes in den Besitz einer esoterischen Botschaft – die »fünf Siegel« genannt – gekommen ist, die er nun weiterverkündet. Damit haben wir eine ähnliche Konstellation, wie sie für die Valentinianer belegt ist: Messos musste sich Schüler suchen, die bereit waren, seine Botschaft anzuhören. In *Zostrianos* fehlt jeder Hinweis auf einen Mittelsmann wie Messos, aber Zostrianos selbst warnt seine Adressaten, falschen Lehren aufzusitzen, und zwar konkret Lehren von jenen, die ihnen unterlegen seien. Vielmehr sollen sie denen vertrauen, die ihnen überlegen seien. (NHC VIII,1,131,3-5) Auch hier scheint also eine Hierarchisierung stattgefunden zu haben: Das auserwählte Geschlecht Seths, dem die Botschaft des Zostrianos zugedacht ist, kennt »Überlegene«, auf die zu hören ihm geraten wird, wahrscheinlich spirituelle Lehrer wie etwa Messos, der selbst von der mythischen Figur Allogenes unterwiesen worden ist. Hinter Messos kann sich sehr gut eine historische Persönlichkeit verbergen, die kraft der durch die Offenbarung des Allogenes erlangten Autorität Mysten, d.h. spirituelle Schüler, zu göttlicher Schau anleitete. Der Topos der Durchwanderung himmlischer Welten findet sich übrigens auch noch in den christlich-gnostischen *Büchern Jesu* und in der *Pistis Sophia* im 4. Jahrhundert, wobei dann Jesus der Führer ist und die Apostel die Schüler sind.

Konkrete Informationen zur Rolle des spirituellen Lehrers in gnostischen Konventikeln erhalten wir vor allem in dem hermetischen Text *Über die Achtheit und Neunheit* (Ogdoade = eine Anordnung von acht Äonen; Enneade = eine Anordnung von neun Äonen). Dieser Text zeigt insgesamt eine etwas andere Struktur als *Zostrianos* und *Allogenes*. Erneut wird ein Schüler durch einen Lehrer zur Schau der höheren Welten angeleitet, aber die mythologisch-ätiologische Ebene, wie sie in den sethianischen Schriften *Zostrianos*, *Allogenes* und *Marsanes* vorrangig ist, wird hier lediglich angedeutet. In der Schrift *Über die Achtheit und Neunheit* handeln keine mythischen Gestalten; sie gibt vielmehr ein unmittelbares Lehrgespräch zwischen einem Mysten und seinem Mystagogen (seinem spirituellen Lehrer) wieder, das sich wahrscheinlich auf konkret-historischer Ebene abspielt. Dennoch kommen dem Lehrer eindeutig göttliche Qualitäten zu, womit er dann auch wieder mythologische Züge annimmt. Interessanterweise wird der Lehrer, dessen Namen wir nicht erfahren, sowohl mit Thot-Hermes als auch mit dem Nous gleichgesetzt, den der Schüler im Laufe der Führung schaut. (NHC VI,6,58,15) Wie Allogenes und Messos reden sich dieser hermes- und nousgleiche Lehrer und sein Schüler als Vater und Sohn an.

85

Daneben äußert sich die Intimität ihrer Verbindung im Gebrauch von Metaphern aus dem Bereich der Sexualität. So erscheint die Mitteilung spiritueller Inhalte kodiert als Umarmung zwischen Lehrer und Schüler (NHC VI,6,57,26 f.), als »Geben« und »Empfangen« der göttlichen Kraft (NHC VI,6,55,7 f.). Der Schüler wird durch die im Text beschriebene Handlung, in der man wohl eine Initiation sehen muss, in eine Gemeinschaft Auserwählter, die er »Brüder« nennt (NHC VI,6,54,27 f.), aufgenommen. Alle »Brüder« gelten als vom Vater »Gezeugte« (NHC VI, 6,54,29), indem der Lehrer ihre innere Kraft geboren hat, »so wie Kinder geboren werden« (NHC VI,6,54,26 f.).

Wenngleich die Vater-Sohn-Symbolik eine Hierarchie zwischen Lehrer und Schüler impliziert, hat Richard Valantasis in seiner Interpretation der Schrift *Über die Achtheit und Neunheit* hinter dem Text eine Gemeinschaft Gleichgesinnter angenommen, und zwar aufgrund einer genauen semiotischen Analyse der sexuellen Metaphorik.[33] Valantasis zufolge erfahren Lehrer und Schüler durch ihre Umarmung gemeinsam die spirituelle Welt.[34] Die Initiation ist also nicht nur eine Unterweisung des Schülers durch den Lehrer, sie hat vielmehr eine interaktive Komponente, indem auch der Lehrer durch die Arbeit mit dem Schüler inspiriert wird. Die ontologische Höherwertigkeit des Lehrers wird zumindest im Ansatz aufgehoben. Hier findet sich insofern ein korrespondierendes Motiv zu der Angewiesenheit der Pneumatiker auf die Psychiker bei den Valentinianern. Beide Seiten, Lehrer und Schüler, profitieren voneinander. Auf der anderen Seite bleibt es in den sethianischen Zeugnissen und in der *Achtheit und Neunheit* trotz des vertrauten Miteinanders dabei, dass der Lehrer der spirituell weiter Fortgeschrittene ist, denn sonst könnte er den Schüler nicht einweisen. Zudem wird er im Text deutlich mythologisiert, zum einen als Hermes Trismegistos, zum anderen sogar als Nous. In den sethianischen Texten ist der Initiierte selbst ein mythisches oder legendäres Wesen, wobei zumindest in einem Fall, nämlich in *Allogenes*, die Botschaft an den nicht weiter spezifizierten Messos weitergegeben wird.

Um ein klareres Bild der gnostischen Hierarchien zu gewinnen, die hinter dem deutlich ausgebildeten Prinzip der spirituellen Führung oder Anleitung stehen müssen, ist es am sinnvollsten, die Befunde mehrerer Schriften zusammenzunehmen: *Zostrianos*, *Allogenes* und *Marsanes* beschreiben in erster Linie die Visionserlebnisse einer Figur, der aufgrund mythischer – wie bei Seth-Allogenes – oder semimythischer Qualität eine besondere Autorität zukommt. Diese Figur wurde selbst von Himmelswesen zur Schau der höheren Welten emporgeführt; nach dem Wiederabstieg schreibt sie ihr Erlebnis exklusiv für die Sethianer nieder. Bei der Schrift *Über die Achtheit und Neunheit* handelt es sich im Prinzip um denselben Vorgang, jedoch ist der Schüler, der die Rolle innehat, die in den sethianischen Texten von mythisch-legendären Wesen besetzt wird, offenbar ein Mensch, der durch das Geschehen in eine »Gemeinschaft Auserwählter« aufgenommen wird.

Das Lehrer-Schüler-Verhältnis wird also in gnostischen Texten auf mehreren Ebenen beschrieben, wobei der Schüler selbst zum Unterweiser anderer werden kann:

1. Der Lehrer erscheint als Wesen aus der himmlischen Welt (wie die Führerinnen Kalyptos und Iouel in *Allogenes*), der Schüler als mehr oder weniger legendäre religiöse Autorität, eine Figur, die selbst mindestens quasimythologischen Charakter hat (Zostrianos-Zarathustra, Allogenes-Seth).

2. Der Lehrer ist ein Schüler von 1., d.h. eine Figur mit quasimythologischem Charakter. So unterweist Allogenes Messos, und auch Zostrianos gibt seinerseits belehrende Ermahnungen an die Sethianer weiter. Auf dieser Ebene findet auch die Führung der

Apostel durch Jesus in den *Büchern Jesu* und der *Pistis Sophia* statt.

3. Lehrer und Schüler sind beide Menschen, wie in der Schrift *Über die Achtheit und Neunheit*. Auch in *Allogenes* ist diese Ebene angedeutet, indem Messos von Allogenes den Auftrag erhält, die empfangene Botschaft zu verkünden.

Betrachtet man die Lehrer-Schüler-Ebenen einmal in dieser systematischen Aufstellung, wird deutlich, dass der jeweilige Lehrer seine Autorität aus einer spirituellen Unterweisung bezieht, die ihm selbst von höherer Stelle zuteil geworden ist. Das macht es wahrscheinlich, dass die spätgnostischen Lehrer ihre eigene Position mit ihrer von höheren Wesen geführten Aufstiegserfahrung legitimierten. In diesem Zusammenhang kam wohl die Vorstellung zum Tragen, dass die Qualität der himmlischen Führer auf den Mysten abfärbte: Als Mystagoge hat der ehemalige Myste göttliche Züge.

Die Nag-Hammadi-Bibliothek enthält mit den *Drei Stelen des Seth* einen Text von stark liturgischem Charakter, in dem sehr wahrscheinlich ein Seelenaufstieg in die höheren Welten, wie er in den bisher besprochenen Schriften als individuelles Erlebnis stattfindet, kollektiv nachvollzogen wird. Damit haben wir eine vierte Ebene vor uns, die dadurch gekennzeichnet ist, dass eine ganze Gemeinde von Gnostikern, d.h. von »Auserwählten«, die mit den geheimen Offenbarungen vertraut waren, den in ihnen beschriebenen Seelenaufstieg und die Begegnung mit den himmlischen Wesen zeremoniell nachvollzog. Der Text wird auf Dositheus und in letzter Instanz auf Seth zurückgeführt. (NHC VII,5,118,10-12) Ein leider nicht weiter spezifizierter Mittelsmann zwischen Dositheos und den Sethianern will ihn oftmals gesprochen haben und so zu visionärer Schau befähigt worden sein. Die zentralen Figuren in den *Drei Stelen des Seth* aber sind eindeutig die Sethianer als ein Kollektiv. Wir haben gesehen, dass ein solches Kollektiv von Privilegierten, denen geheime Offenbarungsschriften wie *Zostrianos*, *Allogenes*, *Über die Achtheit und Neunheit* und *Die drei Stelen des Seth* zugänglich gemacht wurden, in all diesen Texten einen Hintergrund bildet. Dennoch sind *Die drei Stelen des Seth* das einzige Zeugnis, in dem tatsächlich deutlich wird, dass eine solche Schrift kollektiv verwendet wurde. *Die drei Stelen* setzen die Verschriftlichung des Offenbarungserlebnisses, das hier zunächst Seth selbst und dann dem uns unbekannten Mittelsmann zuteil geworden ist, bereits voraus, wohingegen in den anderen Texten unmittelbar die Vorgänge beschrieben werden, die zur Entstehung des jeweiligen Offenbarungsbuchs führten. Dieser Text lässt nun auch andeutungsweise erkennen, dass das Ritual bzw. die Liturgie von irgendjemandem mit höherer spiritueller Autorität geleitet oder überhaupt der zelebrierenden Gemeinde erst mitgeteilt wurde, und zwar durch den zwischen den Gewährsmännern Dositheos und Seth und der sethianischen Gemeinde eingeschobenen Mittelsmann, der von sich selbst in der 1. Person spricht.

Die Quellen lassen darauf schließen, dass es unter den sethianischen und hermetischen Gnostikern sowohl individuelle Einweihungen als auch kollektive Zeremonien gab. Dennoch ist zwischen den beiden Traditionen ein wichtiger Unterschied zu verzeichnen: Die individuelle Führung, die zwischen Lehrer und Schüler eine enge Verbindung herstellt, dient in der Schrift *Über die Achtheit und Neunheit* ausdrücklich als Initiation in den Kreis der Erwählten. In *Zostrianos*, *Allogenes* und den *Drei Stelen des Seth* hingegen dient sie als mythische Ätiologie, die entweder den spirituellen Lehrer in seiner Funktion bestätigt oder die Zeremonie einer Gemeinde autorisiert.

Demnach sieht es so aus, dass der spirituelle Führer oder Lehrer auch eine Art priesterliche Funktion ausüben konnte. Legitimiert wurde er darin durch seine eigene Erfahrung der Himmelsreise. Das Bild, das die Quellen bieten, lässt, weil die Offenbarung immer über mehrere Träger und Stufen weitergegeben wird, mehrere Einweihungsgrade vermuten, die im Einzelnen aber leider nicht mehr zu rekonstruieren sind.

Damit sind wir bei dem komplexen Problem gnostischer bzw. frühjüdischer und frühchristlicher Esoterik angelangt.

Gnosis und christliche Mystik

Die geistesgeschichtliche Bedeutung der Gnosis beruht hauptsächlich darauf, dass sie als gleichsam unterirdische Strömung in Judentum, Christentum und Islam ein vielfaches Fortleben hatte. Sie bewahrte eine Überlieferung, die die »offiziellen«, mächtigen und anerkannten Vertreter dieser Religionen ausgrenzten und als häretisch brandmarkten. Bezeichnenderweise trat sie im weiteren Verlauf der christlich-abendländischen Geschichte immer dann auf den Plan, wenn die Kirche gerade an Einfluss verlor, etwa im machtpolitischen Vakuum Okzitaniens im 13. Jahrhundert, in der Renaissance und im Zeitalter des Frühprotestantismus. Auch mit der zunehmenden »Säkularisierung« in der westlichen Welt seit dem 19. Jahrhundert schwand zwar der Einfluss der Kirchen auf das öffentlich-gesellschaftliche Leben, nicht aber die Bedeutung der Religion für das einzelne Individuum. Gnostisches Gedankengut macht sich in der Romantik bemerkbar und ist von noch wenig erforschter Wirkung auf die Geistesgeschichte des 20. Jahrhunderts. Innerhalb des weniger straff und einheitlich organisierten europäischen Judentums konnte es sich im Lauf der abendländischen Religions- und Geistesgeschichte noch weit besser behaupten und sandte von hier wesentliche Impulse an nachantike christlich-gnostische Strömungen aus.

In der gesamten Mittelmeerwelt hat um das Jahr 0 ein kosmologisches Geheimwissen, an dem die Gnosis auf ihre Weise partizipierte, eine große Rolle gespielt. Unter Rabbinern, Essenern und den ersten Christen kursierten ebenso wie unter heidnischen Mysterien-Eingeweihten Ekstasetechniken zum Aufstieg der Seele in himmlische Sphären, wie er in gnostischen und frühkabbalistischen Texten sowie in den aus dem ägyptischen Raum erhaltenen eklektischen Zauberpapyri belegt ist. Die Gnostiker hatten diese Grunderfahrung kosmologisch gestaltet und mit der Ausbildung entsprechender Mythen für sich selbst einen privilegierten Dauerplatz in den Lichtwelten in Anspruch genommen, von dem sie nach eigener Interpretation nur durch die Böswilligkeit konkurrierender Gegenmächte verdrängt wurden. Je größer nun der Bedeutungsverlust dieses identitätsstiftenden Mythos als Hauptmedium gnostischer Religiosität Ende des 2. Jahrhunderts wurde, desto stärker näherte sich die Gnosis wieder dem Milieu an, aus dem sie im 1. Jahrhundert hervorgegangen war. Wie im vorigen Kapitel beschrieben, war die Verbindung zwischen Gnosis und Christentum nicht konstitutiv. Anders verhält es sich mit bestimmten Ausprägungen des Judentums, hier liegt eine große Affinität vor. Die Gnosis ist aus einer randständigen bzw. später verdrängten jüdischen Spiritualität hervorgegangen und hatte von Anbeginn Verbindungen zur jüdischen Geheimlehre, der Kabbala, deren Ursprünge im Dunkeln liegen. Als mündliche Tradition könnte sie bis weit in alttestamentliche Zeit zurückreichen. Die seit dem 3. Jahrhundert durch die Hekhalot-Texte belegte Merkava-Mystik hat so große Ähnlichkeit mit der Gnosis in ihrem nachmythologischen Stadium, dass man für beide dieselbe Wurzel annehmen muss. Zentrales Thema der Hekhalot-Texte ebenso wie der hier vorgestellten gnostischen Schriften ist der Aufbau der himmlischen Welten, wie sie ein Myste während seines Seelenaufstiegs erfahren kann. Die Kenntnisse, die er dabei erwirbt, unterliegen in beiden Traditionen dem Prinzip der Geheimhaltung. Der US-amerikanische Historiker Morton Smith hat überzeugende Belege dafür gebracht, dass Jesus selbst, die ihm am nächsten stehenden Schüler und auch Paulus, der sie vermutlich in rabbinischen Kreisen kennen gelernt hatte, mit solchen Techniken umgingen und sie weitergaben.[35] Aus Gründen, die in der amtlichen Hierarchisierung der Kirche einerseits und ihrem Ringen um staatliche Anerkennung andererseits lagen, wurde diese Tradition in den kanonisierten Schriften des Neuen Testaments verschwiegen, aber auf anderen, wohl hauptsächlich mündlichen Wegen weiter überliefert und bewahrt. Bei einigen frühchristlichen Schriftstellern finden sich Spuren einer Arkandisziplin, die einigen ausgewählten Schülern über das kirchlich verwaltete Heilswissen hinausgehend eine der Allgemeinheit verborgene Lehre und geheime Techniken anvertraute. Doch je umfassender die Macht der amtlichen Hierarchie im Laufe der ersten nachchristlichen Jahrhunderte wurde, desto stärker war die Tendenz, alles, was sich ihr entzog, zu verketzern und zu verfolgen. Allmählich wurden die christlichen Geheimtraditionen in weniger Anstoß erregende Formen theologischer Mystik transformiert.

Obschon also sehr wahrscheinlich Jesus selbst, seine engsten Jünger und Paulus geheime Techniken des Seelenaufstiegs praktizierten und lehrten – wobei sie diese mit der Taufe verbanden –, war die Kirche wohl bereits im 2. Jahrhundert während der Hauptphase der Auseinandersetzung mit der Gnosis und ganz sicher seit ihrem Schulterschluss mit dem römischen Staat bemüht, sich der mit dem Christentum einhergehenden esoterischen Tradition zu entledigen. Statt einer Einweihungshierarchie, wie sie den Mysterienreligionen der Antike, der Hermetik und den gnostischen Strömungen des 3. und 4. Jahrhunderts n. Chr. eigen war, bildete die Kirche eine Ämterhierarchie aus. Sie ersetzte fortan die Wissenshierarchien antiker Religiosität. Dennoch wurden Elemente einer frühchristlichen Einweihungstradition bewahrt. Ihre Spuren finden sich in apokryphen Apostelakten, romanhaften Erzählungen über die Predigtinhalte und Wundertaten der ersten umherziehenden christlichen Lehrer und Missionare, die Jesus noch selbst gekannt hatten. Zahlreiche der erhaltenen gnostischen Texte sind der Form nach Unterweisungen der Apostel in gnostischer Lehre, die ihnen durch eine Erscheinung des Auferstandenen zuteil wurden. Abgesehen von der bereits erwähnten *Geheimschrift des Johannes*, die das gesamte sethianische System enthält, befinden sich unter den Nag-Hammadi-Texten zwei *Apokalypsen des Jakobus* (NHC V,3 und V,5), des bedeutenden Repräsentanten der judenchristlich geprägten Gemeinde von Jerusalem, eine *Apokalypse des Paulus* (NHC V,2), in der der Apostel von Jesus auf eine Himmelsreise geführt wird, und ein *Thomas-Buch* (NHC II,7) mit dem Apostel Thomas offenbarten geheimen Aussprüchen Jesu, deren Aufzeichnung Matthias, einem weiteren Apostel, zugeschrieben wird.

Die Geschichte der christlichen Mystik begann mit der Intellektualisierung solcher Erfahrungen unter Heranziehung heidnischer Philosophie und mit einer zunehmenden Betonung des Glaubens gegenüber dem unmittelbar erfahrenen Wissen. Die Gnostiker gingen mit der Differenz zwischen Glauben und Wissen so um, dass sie Ersteren den Psychikern oder Kirchenchristen, Letzteres den Gnostikern zuordneten und daraus eine geistliche Hierarchie ableiteten. Schon Paulus, dessen Menschenbild im Wesentlichen dem gnostischen entsprach, wertete den Glauben auf, indem er ihn zu einer Notwendigkeit erklärte. Im Zusammenhang seiner Bemühungen, die drohende Spaltung der korinthischen Gemeinde zu überwinden, wendet sich Paulus sowohl gegen die Taufe (wohl in ihrer Funktion als Einweihungsritual) als auch gegen die Weisheit und Schriftgelehrtheit. Gegen die Weisheit der Menschen, die die göttliche Weisheit nicht erkannt haben, verkündet er das Evangelium und mit ihm das Kreuz, das den Juden ein Ärgernis, den Heiden eine Torheit sei. (1Kor 1,20-24) Anders als Jesus, der einen kleinen Kreis von Schülern um sich scharte und dessen Wirken regional begrenzt blieb, gilt Paulus als ein Missionar der Menge; er unterwies keine einzelnen Menschen und brauchte dementsprechend ein anderes Medium für die Aufnahme seiner Verkündigung. Dieses Medium stellte für ihn der Glaube dar, dem mit Anwachsen der christlichen Gemeinden immer größere Bedeutung zukommen musste. Die Aufgabe, Glaube und Wissen so weit miteinander zu versöhnen, dass das Christentum auch für Gebildete attraktiv blieb oder wurde, oblag nun der christlichen Philosophie, die heidnische Terminologie und Kategorien sowie hellenistisch-jüdische Schriftexegese mit christlichen Inhalten zur Mystik verband. Diese Entwicklung begann in Alexandria, der Hochburg hellenistischer Bildung in der späteren Antike.

Titus Flavius Clemens Alexandrinus (ca. 145-217 n. Chr.) ist unter den als »Kirchenväter« anerkannten frühchristlichen Theologen der Einzige, bei dem die Geheimhaltung als formales Prinzip der Esoterik noch feststellbar ist. Clemens interessierte sich weder für kirchliche Ämter noch für dogmatische Fixierungen und trug seine Lehren einem ausgewählten Schülerkreis in hauptsächlich mündlicher Form vor. Von der Existenz einer Geheimlehre Jesu, die nur den engsten Vertrauten Petrus, Jakobus und Johannes zuteil wurde, war er überzeugt; dass er selbst sich in dieser Tradition gesehen hat, ist wegen der nur mündlich weitergegebenen christlichen Geheimlehre nicht sicher, aber recht wahrscheinlich. Soweit es nachzuvollziehen ist, bediente sich Clemens platonischer und stoischer Terminologie, um seinen Vorstellungen von christlichem Glauben und Denken Ausdruck zu verleihen. Er führte damit das Werk seines verehrten Lehrers Pantäus weiter, der ein zum Christentum bekehrter Stoiker gewesen war. Für

Clemens war Erkenntnis ein Stufengang, der mit dem Glauben begann. Auf diese Weise wurde die Trennung zwischen Psychikern, d.h. glaubenden Menschen, und Gnostikern, d.h. erkennenden oder wissenden Menschen, in ihrer anthropologischen Unbedingtheit aufgehoben und in seelisch-geistige Möglichkeiten umformuliert, die theoretisch jedem Einzelnen offen standen.

Anders als Clemens, der noch völlig unbehelligt von kirchlichen Strukturen wirkte, geriet Origenes (ca. 185-254 n. Chr.), der in derselben Tradition stand, bereits mit der bischöflichen Autorität in Konflikt. Maßgebliche Vertreter der Orthodoxie sahen seine Unbefangenheit gegenüber der Philosophie mit Misstrauen; der alexandrinische Bischof Demetrios wandte sich offen gegen ihn, nachdem er als Nichtkleriker in Cäsarea (Palästina) aufgrund der großen Verehrung, die man ihm dort entgegenbrachte, zum Presbyter ernannt worden war. Origenes wurde gezwungen, nach Cäsarea umzusiedeln. Sein Lebenswerk besteht hauptsächlich aus Schriftkommentaren, in denen er biblischen Texten einen dreifachen Sinn unterlegt: einen historisch-materiellen, einen psychisch-moralischen und einen pneumatischen. Hier wird das Prinzip der drei Wirklichkeitsebenen bzw. der entsprechenden Wahrnehmungsmöglichkeiten also auf die Schrift selbst angewandt. Origenes beruft sich bei dieser Art der Exegese mit ihren allegorischen Möglichkeiten wiederholt auf eine jüdisch-esoterische Tradition. Besonders sein Kommentar zum Hohelied ist für die Entwicklung der christlichen Mystik bedeutsam. Die sehnsüchtig ihren Geliebten erwartende Braut wird hier zum Symbol für die Gott suchende Seele. Die stärker systematisch angelegte Schöpfungslehre des Origenes, die er in dem Frühwerk *Peri Archon (Von den Prinzipien)* darlegt, rückt ihn in die Nähe der mythischen Gnosis, die er freilich als häretisch ablehnte. Wie die gnostischen Mythen ist jedoch der originistische Entwurf eine Erzählung vom Fall und Wiederaufstieg der ur-

sprünglich zu Gott gehörigen Seelen. Nach Origenes sind alle
Wesen von Gott geschaffen, befinden sich jedoch in näherer oder
weiterer Entfernung zu ihm. Die unteren Wesenheiten werden
irgendwann der Gottesschau überdrüssig und kehren sich ab, wodurch die von Gott gewollte kosmische Ordnung durcheinan-
der gerät. Es entstehen mit Körpern ausgestattete Engel, Menschen und Dämonen auf verschiedenen kosmischen Stufen. Über
eine lange Zeit von insgesamt sechs Weltaltern hin sollen sie alle
nach ihrem eigenen freien Willen und mit Gottes pädagogischer
Unterstützung in die Einheit seines Geistes zurückfinden.

Wie bei Clemens besteht der entscheidende Beitrag des Origenes zur Entstehung der Mystik in seiner Überwindung des
anthropologischen Dualismus. Die Vorstellung von einem kosmischen Fall – die bei Origenes noch vorhanden ist und die in
gewisser Weise die materielle Schöpfung mit dem göttlichen
Willen für unvereinbar erklärt – aufgehoben hat dann der eigentliche Begründer der christlichen Mystik, Gregor von Nyssa
(ca. 335 - nach 394). Er orientierte sich nicht am katholischen
Milieu, sondern an den mönchischen Idealen der Ostkirche.

Anders als in Alexandria, wo man seit Ende des 2. Jahrhunderts eine »Verfälschung« der christlichen Lehre durch den Einfluss der heidnischen Philosophie witterte und sie dementsprechend harsch bekämpfte, war in Konstantinopel der Platonismus
von Anfang an ein integraler Bestandteil christlichen Denkens.
Zudem war die Interpretation der platonischen Philosophie, die
unter dem Einfluss der Akademie in Athen stand, eine andere
als in Alexandria. Lange bevor dies im Westen geschah, wurde
Aristoteles hier in seiner Bedeutung anerkannt und seine Philosophie nicht bloß in neuplatonischer Überformung rezipiert.
Trotz einer mönchisch-asketischen Grundausrichtung wurden
die weltablehnenden Elemente des Neuplatonismus, die unweigerlich zu einem Konflikt mit dem jüdisch-christlichen Schöp-

fungsgedanken führen mussten, in dieser Atmosphäre nachhaltiger überwunden. Gregor von Nyssa war der erste christliche Denker, der die Idee von der Unendlichkeit Gottes konsequent durchgestaltete und zu Ende führte. Gegen den origenistischen Ansatz erscheint es nach seiner Lehre als ausgeschlossen, dass sich etwas Existierendes außerhalb der Gottheit befindet. Damit wurde im Rahmen der christlichen Mystik der gnostische Gedanke vom Fall und der Entstehung einer bösen, außer Kontrolle geratenen widergöttlichen Welt überwunden und die Einheit des Göttlichen, wie sie in der jüdisch-christlichen Schöpfungsvorstellung angelegt ist, wieder hergestellt. Fortan beschäftigte sich die christliche mystische Theologie mit der näheren Bestimmung dieser Einheit. Entscheidend ist für sie ein überrationaler Charakter, der sie von der gleichwohl aus ihr hervorgehenden Vielheit unterscheidet. Während die Vielheit, d.h. der sichtbare Kosmos, beschreibbar und erklärbar ist, ist die Einheit nur der intuitiven Erfahrung zugänglich.

Um die Wende vom 5. zum 6. Jahrhundert begründete Dionysios Areopagita im byzantinisch-syrischen Raum eine christliche Hierarchienlehre, die vom lateinischen Westen rezipiert wurde und die Entwicklung von Esoterik und Mystik aus der Gnosis heraus weiterführte. Der Ausdruck »Esoterik« für die dionysische Theologie und Philosophie ist dabei etwas anders zu verstehen als vor dem alexandrinischen Hintergrund. Während bei Clemens und Origenes jüdische Geheimtraditionen eine große Rolle gespielt hatten und hauptsächlich auf die Schriftexegese angewendet worden waren, entwarf Dionysios auf der Grundlage des christlichen Platonismus eine eigenständige christliche Philosophie. Für Dionysios offenbarte sich die Gottheit abseits ihrer grundsätzlich unfassbaren göttlichen Einheit in einer vorerst ebenfalls nur intelligibel, d.h. nicht materiell vorgestellten Vielfalt. Auf dieser unteren Ebene einer geistigen Stufenpyramide waren für den menschlichen Intellekt über die Namen Gottes die göttlichen Attribute erkennbar. Dieser Teil der dionysischen Theologie ist der kataphatische oder positive. Das Göttliche als ursprüngliche Einheit dagegen erschloss sich nur (bzw. erschloss sich nicht, sondern wurde erfolglos thematisiert) über die negative Theologie, die alle Eigenschaftsbestimmungen verneinte.

Die Mystik unterscheidet sich von der Gnosis durch ihren weitgehenden Verzicht auf kosmologische Spekulationen. Der Aufschwung der menschlichen Seele zu Gott wird nicht als Stufenweg durch kosmische Sphären konkretisiert, sondern ist ein verinnerlichter Vorgang. Der Mensch erlebt die Einheit mit Gott, ohne die natürlich-kosmischen Dimensionen seiner Existenz mit einzubeziehen.

Gnosis als Esoterik in der europäischen Geistesgeschichte

Neben dieser Art der Transformation gnostischer Gedanken- und Erfahrungswelten gab es eine zweite, die ebenfalls an die Überwindung des kosmologischen Dualismus anknüpfte und dann eine aus hermetischen Quellen gespeiste Naturphilosophie aufnahm und kultivierte. Die Hermetik entstand um das Jahr 0 in Ägypten in der Tradition altägyptischer Einheitslehren. Gegenüber anderen Geheimlehren ihrer Zeit zeichnet sie sich dadurch aus, dass sie die natürliche Welt in ihre kosmologischen Spekulationen einbezog. Koptische Texte des 3. und 4. Jahrhunderts lassen Verbindungen zwischen Gnosis und Hermetik erkennen, die auf ein gemeinsames Milieu schließen lassen.

In der hermetischen Gnosis spielt das Land Ägypten eine große Rolle. Hier wird die Welt nicht a priori als eine gefallene angesehen, sie wird vielmehr ausdrücklich als »gut« bezeichnet. (NHC VI,8,74,35) In diesem Zusammenhang entstand auch ein neuer Mythos, der in der Schrift *Poimandres* festgehalten ist und die Gnosis unmittelbar mit der Naturphilosophie verbindet. Von dieser Tradition zehren große Teile der abendländischen Esoterik, die das Erkenntnisprinzip der Gnosis nicht nur – wie die Mystik – auf die menschliche Seele anwenden, sondern auf die Gesamtheit der natürlich-kreatürlichen Welt.

In *Poimandres* ist ein Dualismus zwar konzeptionell durchaus vorhanden, er spielt in der mythischen Handlung aber überhaupt keine Rolle. Wie die Dreiprinzipienlehren kennt er drei kosmische Sphären, nämlich ein Lichtreich, die Natur, die als »Abbild der schönen Welt« bezeichnet wird, und ein feuchtes Finsternisreich, das der kosmogonische Mythos in Gänze außer Betracht lässt. Die Handlung stellt eine Interaktion zwischen Lichtreich und Natur dar. Zunächst ist jedoch von einem Schöpfungsvorgang im Lichtreich die Rede: Ein androgyner Nous bringt einen Logos hervor und dann mithilfe dieses Logos einen Demiurgen. Der Demiurg – hier dem Lichtreich zugehörig! – schafft seinerseits sieben Verwalter. (CH I,9)

Das eigentliche kosmische Drama, wie es für gnostische Mythen typisch ist, beginnt nun damit, dass der Logos, der sich in der Natur befindet, diese verlässt und aufsteigt, um sich mit dem Nous zu verbinden. Die unteren Teile der Natur sind darum von jetzt an ohne Logos, womit ein rein materieller Zustand umschrieben ist. (CH I,10) Als unheilvoll gilt hier also die Trennung zwischen Geist (Logos) und Natur, nicht die Entstehung der Natur als solche. Ein sog. Demiurg-Nous, der offenbar der »logoslosen« Materie innewohnt, lässt nun »durch Kreisbewegungen« vernunftlose Tiere entstehen. (CH I,11) Im Zuge dieses Vorgangs trennen sich Erde und Wasser.

Der Nous des Lichtreichs hingegen bringt einen nousgleichen, schönen Menschen hervor. Dieser ist zum Herrscher über alle Sphären bestimmt. Als die Geschöpfe des Demiurgen von dem

Hermeneutisch-gnostischer Mythos nach *Poimandres*

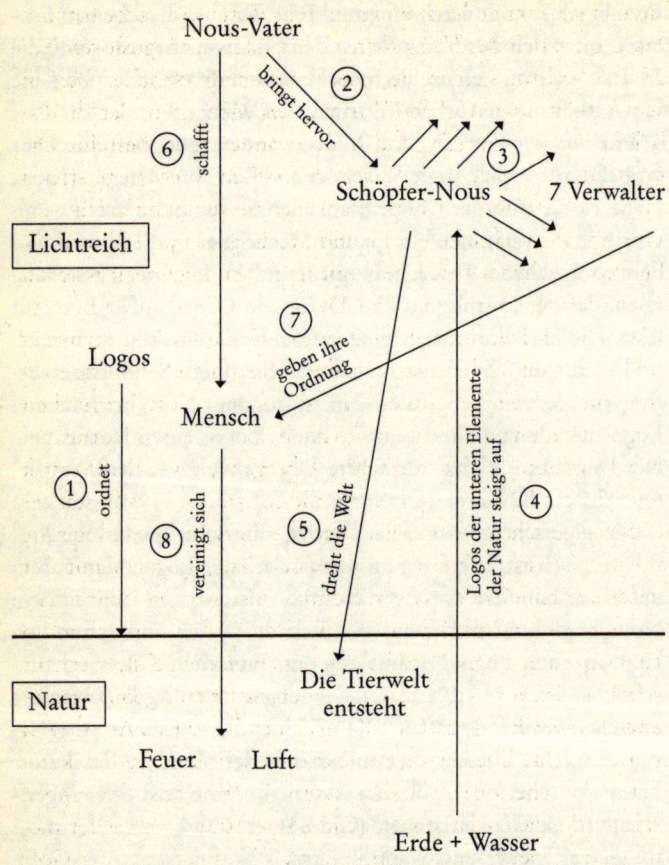

Nous-Vater

② bringt hervor

⑥ schafft

③

Schöpfer-Nous   7 Verwalter

Lichtreich

⑦ geben ihre Ordnung

Logos

Mensch

① ordnet

⑧ vereinigt sich

⑤ dreht die Welt

④

Logos der unteren Elemente der Natur steigt auf

Natur

Die Tierwelt entsteht

Feuer   Luft

Erde + Wasser

Inaktive Finsternis

nousgleichen Menschen bemerkt werden, geben sie ihm aus Zuneigung zu ihm jeder etwas »von ihrer eigenen Ordnung«, wodurch er sie kennen lernt und an ihrem Wesen Anteil bekommt. Dann beugt sich der Nous-Mensch hinunter zur logoslosen Natur und verliebt sich in sie. Die Vereinigung zwischen beiden dient als Ätiologie für den Zustand des Menschen, der dualistisch aus Geist einerseits und Materie andererseits bestehe. Die Natur bringt »nach dem Wesen der sieben Verwalter« sieben mannweibliche und erhabene Menschen hervor. Schließlich werden alle mannweiblichen Tiere und Menschen in jeweils männliche und weibliche Wesen getrennt. Ihre Vereinigungen machen die Schöpfung komplett. (CH I,13-19)

Durch die Transformation der Gnosis in Mystik einerseits und durch ihre Verbindung mit der Naturphilosophie andererseits entstand ein religiöses Milieu, das sich zum kirchlichen Christentum immer in einem gewissen Spannungsverhältnis befand. In diesem Milieu waren die Übergänge zwischen Mystik und Esoterik fließend, auch wenn die christliche Mystik stärker als die islamische und insbesondere die jüdische kosmologische und initiatorische Tendenzen verdrängt hat, um nicht mit der Ämterhierarchie der Kirche in Konflikt zu kommen. Sehr wahrscheinlich unter dem Einfluss hermetischer Ideen, die schon im Frühmittelalter durch Vermittlung der arabischen Kultur erneut nach Europa einsickerten, weitete der aus Irland gebürtige Johannes Scotus Eriugena (ca. 810-877), der Dionysios Areopagita ins Lateinische übersetzte, die dionysischen Ansätze der kataphatischen Theologie auf die materielle Welt aus. Sein Werk *Periphyseon*, das zwischen 864 und 866 entstand, verbindet metaphysische Spekulationen mit konkreter Naturanschauung. Gott und Natur bilden im *Periphyseon* eine hierarchisch durchgestufte Einheit. Eriugenas im abendländischen Kulturbereich bahnbrechendes Denken ermöglichte langfristig eine Harmonisierung von Naturphilosophie und christlichem Glauben, die sich in mehreren Schüben vollzog und zwischenzeitlich auch immer wieder Rückschläge erlitt. Während der Blütezeit der christlichen Mystik im Spätmittelalter spielte die Kosmologie neben der individuellen Gotteserfahrung kaum eine Rolle, aber die Naturphilosophie blühte an den theologischen Schulen von Chartres und Cambridge. Die Renaissance, in der platonische und hermetische Texte wieder entdeckt und im Original studiert wurden, gab der Naturphilosophie einen mächtigen Aufschwung, dessen Impulse über die pansophische Bewegung und die Rosenkreuzer im 17. Jahrhundert bis in die europäische Romantik im 18. und 19. Jahrhundert weiterwirkten. Durch das Aufkommen der rein mechanistisch vorgehenden Naturwissenschaften mit Descartes und Newton erlitt diese Form der Esoterik einen herben Rückschlag, wobei sie nun nicht von orthodox-theologischer, sondern von wissenschaftlicher Seite abgelehnt wurde. Das Ergebnis war, dass ihre spekulativen Elemente zu- und die konkreten abnahmen. Bis heute ist aber die naturphilosophische Tradition in der von Rudolf Steiner begründeten Anthroposophie lebendig, die viele gnostische Anschauungen aufgenommen und modernen spirituellen Bedürfnissen entsprechend abgewandelt hat. Der durch die populären Bücher Fritjof Capras[36] verkündete Paradigmenwechsel in der modernen Physik hat am Ende des 20. Jahrhunderts zu einer neuen Aufwertung der Naturphilosophie geführt, die anders als die sog. exakte Wissenschaft neben dem Bedürfnis nach Informationen über die Beschaffenheit organischer und anorganischer Strukturen auch das nach ihrer Einbettung in eine spirituelle Anschauung des Kosmos befriedigen kann.

5. Remythisierungen der Gnosis

Zur Dynamik von Monismus und Dualismus in der Geschichte der Gnosis

Das Wesen der Gnosis ist durch eine Dynamik von Monismus und Dualismus gekennzeichnet, aus der dieses religions- und geistesgeschichtliche Phänomen seine eigentliche Bedeutung gewinnt. Die Wandelbarkeit von ideologisch aggressiven mythologischen Systemen in tolerante harmonisierende Denkformen machte es möglich, dass die Gnosis im Rahmen des Christentums, des Judentums und des Islam fortbestand, ohne notwendigerweise eigene Gemeinschaften bilden zu müssen. Viele Aspekte gnostischen Denkens tauchen in verwandelter Form in der Religionsphilosophie wieder auf.

Wie gezeigt wurde, ging das dualistische Weltbild der Gnosis des 2. Jahrhunderts, das den gesamten Kosmos als Produkt und als Hort des Bösen ansieht, aus spiritualisierend-mystischen Strömungen des antiken Judentums hervor. Ausdruck fand dieses dualistische Weltbild im 2. Jahrhundert vor allem in mythischen Erzählungen, die im Zuge einer »hermeneutischen Revolte«[37] die alttestamentliche Urgeschichte uminterpretierten. An den im vierten Kapitel teilweise vorgestellten Spättexten ist zu sehen, dass sich seit Ende des 2. Jahrhunderts in dieser Hinsicht Auflösungserscheinungen bemerkbar machen. Ein kosmologischer Dualismus wird kaum noch thematisiert. Zwar werden oft Elemente einer dualistischen Kosmologie unverändert tradiert, aber gleichzeitig wird die Mythologie entweder potenziert und um zahlenmagische Interpretationen angereichert wie bei dem Valentinianer Markos, im *Evangelium der Ägypter*, im sog. *Unbekannten altgnostischen Werk* des Bruce-Kodex, im *Ersten Buch Jeu* und in der *Pistis Sophia*, oder sie wird reduziert wie im *Dreiteiligen Traktat*, wo im Vergleich zum früheren mythologischen Valentinianismus nur noch sehr wenige Figuren namentlich agieren. In beiden Fällen, dem der mythologischen Potenzierung wie dem der mythologischen Reduzierung, wird der kosmologische Dualismus vermindert oder entschärft. Einen relativ eindeutigen Monismus findet man bereits in der *Dreigestaltigen Protennoia* und in *Bronté*, die faktisch eine Göttin als weibliches allumfassendes Prinzip verstehen, auch wenn von einer über ihnen waltenden Vatergottheit formal noch kurz die Rede ist.

Ähnliches wie für den kosmologischen Dualismus gilt für den anthropologischen Dualismus jedoch nur im Hinblick auf einige wenige gnostische Texte, nämlich eindeutig nur bei *Allogenes* und *Marsanes*, ansatzweise auch beim *Evangelium der Ägypter* und der *Dreigestaltigen Protennoia*. In den beiden letzteren Texten ist der anthropologische Dualismus vermindert worden. In *Zostrianos* dagegen, der mit *Allogenes* und *Marsanes* ansonsten eine enge Verwandtschaft aufweist, ist ein anthropologischer Dualismus in voller Schärfe ausgebildet. Im späten Valentinianismus wird die trichotomische Anthropologie – d.h. die Vorstellung von der Dreiteilung des Menschen in Leib, Seele und Geist – beibehalten, wobei im *Dreiteiligen Traktat* auffälligerweise die ätiologische Verbindung dieser Anthropologie zur Kosmologie aufgegeben wird. Bemerkenswert sind im Zusammenhang mit dualistischer Anthropologie in den Spättexten eindringliche Ermahnungen zur Geheimhaltung der gnostischen Lehren gegenüber den »Unwürdigen«. Sie zeigen, dass der Besitz der Gnosis nicht mehr wie zu Anfang auf die Abstammung der Betreffenden von einem Lichtwesen zurückgeführt, sondern nunmehr zu einer Angelegenheit esoterischer Schulung wurde.

Der geschlossene erzählende Mythos in ätiologischer Funktion tritt in der Spätgnosis eindeutig zurück. Demgegenüber fällt im Vergleich zu den Texten des 2. Jahrhunderts das sehr viel stärkere Interesse an kultischen und rituellen Gegenständen auf. In zahlreichen Texten ist die Verwandlung der Gnosis in eine »Erfahrungsreligion« zu beobachten, eine Entwicklung, die von Hans Jonas als eine unausweichliche Konsequenz des gnostischen Mythos beschrieben worden ist. Jonas, der aus allgemein geistesgeschichtlicher und existenzphilosophischer Perspektive mit einem deutlich umfassenderen Gnosiskonzept arbeitete als die meisten spezialisierten Gnosisforscher heute, war der Auffassung, dass der charakteristische gnostische Mythos im System des Valentinianers Ptolemäus seinen Höhe- und gleichzeitig Schlusspunkt erreichte. Im 3. Jahrhundert war, so Jonas, das bevorzugte Ausdrucksmittel »gnostischer Daseinshaltung« nicht mehr der Mythos, sondern philosophische Begrifflichkeit und mystische Spekulation. Die Gründe für einen solchen Übergang entwickelte Jonas aus der inneren Logik des Mythos selbst. Es lohnt sich, an dieser Stelle seinen Gedankengang nachzuvollziehen, wobei der ptolemäische Mythos, d.h. die valentinianische Tradition, zugrunde gelegt wird. Jonas deduziert den gesamten ptolemäischen Mythos aus dem Prinzip der »Gnosis«, die er als »ontologisch-soteriologischen Schlüssel des ganzen Systems«[38] versteht. Wegen der Gnosis, d.h., um Erkenntnis herzustellen oder zu ermöglichen, hatte der uranfängliche Bythos den Wunsch nach Vervielfältigung.[39] Im Laufe der Handlung des Mythos wird Gnosis immer wieder verwirklicht, indem dialektisch auf ihr Gegenteil – oder besser: ihre Privation[40], ihren Entzug und die daraus resultierende Unwissenheit (griech.: »agnoia«) – rekurriert wird. So ist es auch die Gnosis selbst, die bei Sophia die

105

unheilvolle Leidenschaft und durch dieses Medium den Kosmos entstehen lässt. Die Gnosis wird Sophia verwehrt und darum fällt sie; oder: Sophia hat nicht genug Gnosis, um deren Grenzen für sich zu respektieren. Auf diese Weise fallen religiöse Soteriologie und philosophische Ontologie in eins, womit Jonas bereits im Mythos einen »theoretischen Grundansatz der Mystik« hergestellt sieht.[41] Die detaillierte bildhaft-gegenständliche Beschreibung der Entwicklungen und Beziehungen, im Schöpfungsvorgang von der Gnosis zur Unwissenheit und im Erlösungsvorgang von der Unwissenheit wieder zur Gnosis, ist alles, was der Mythos zu leisten imstande ist. Indem er am Ende den Kreis von der Gnosis zur Gnosis wieder schließt, hat er seine Funktion erfüllt und sich selbst überflüssig gemacht. Eine erste Phase der Objektivation des sich in der Gnosis manifestierenden spezifischen Daseinsverständnisses, der »Weltangst«, ist abgeschlossen, sodass zur Weiterführung des Objektivationsprozesses andere heuristische Mittel notwendig werden. Die entscheidende Schwäche des Mythos besteht für Jonas darin, dass der Gnostiker durch die Beschäftigung mit ihm den Erlösungsvorgang zwar äußerlich mithilfe der Vorstellungskraft nachvollziehen, nicht aber erfahrend mitvollziehen kann.[42]

Wiederum ist das Prinzip der »Gnosis« das Movens, um das mythische Geschehen nunmehr ontologisch-begrifflich zu fassen und auf diesem Wege intellektuell-mystische (Jonas betont den Unterschied der gnostischen zu mehr emotional gefärbten Strömungen der Mystik) *Erfahrung* der Gnosis zu verwirklichen.[43] Im letzten Kapitel wurde gezeigt, wie beide Tendenzen, die intellektualistisch-philosophische und die erfahrungsbetont-mystische, in abendländischer Religionsphilosophie und Mystik eine Fortsetzung erfuhren. Genauso wie die dort geschilderten Entwicklungen den gnostischen Mythos objektivierten und erfahrbar machten, konnten aber auch diese Formen der Gnosis wieder remythisiert werden, d.h., es entstanden aus bestimmten theologischen Spekulationen und mystischen Erfahrungen wiederum systemische Mythen. Dies geschah stets vor einem sozialpsychologischen Hintergrund, der bei den Trägern der gnostisierenden Religionsauffassung das unbedingte Bedürfnis erzeugte, eine gnostisierende Religionsauffassung von einer vorherrschenden Mainstream-Religiosität abzutrennen und eine eigene, mit Kirche oder Synagoge konkurrierende Gemeinschaft zu bilden.

Mani und der Manichäismus

Eine Renaissance mythisch-gnostischen Denkens vollzog sich, noch während das sethianische und das valentinianische System in Auflösung begriffen waren und wesentliche Impulse an die in Alexandrien entstehende christliche Philosophie gaben. Weiter östlich wuchs um die Mitte des 3. Jahrhunderts in einer Elechasaitengemeinde des Ostjordanlandes Mani auf, der Stifter einer gnostischen Religion, die nach ihm »Manichäismus« benannt wurde und besonders im zentralasiatischen Raum eine große Wirkkraft und sogar politischen Einfluss entfalten sollte. Die Elechasaiten waren eine Täufergemeinschaft, die ein mit christlichen Elementen versetztes spirituelles Judentum lebte. Sie übten wiederholte Wassertaufen, die wohl die Funktion eines regelmäßigen Reinigungsrituals hatten. Für Mani wurde die Taufe ein Stein des Anstoßes für seine eigene Religiosität, die dennoch wesentlich von den elechasaitischen Einflüssen geprägt blieb. Er verstärkte die bei den Elechasaiten angelegten Tendenzen zu einem Leib-Geist-Dualismus, indem er den Körper für etwas grundsätzlich Schlechtes hielt, und war der Auffassung, dass die Taufe diese Schlechtigkeit noch verstärke. Nachdem Manis Versuche, die Elechasaiten von innen heraus zu reformieren, gescheitert waren, verließ er die Gemeinde und gründete seine eigene Bewegung, den Manichäismus. Den entscheidenden Anstoß hierfür soll er aus der zweimaligen Begegnung mit seinem himmlischen Zwilling empfangen haben, d.h. mit seinem geistigen Ebenbild oder dem Teil seiner Persönlichkeit, der bei seiner Verkörperung in der Materie in den intelligiblen Welten zurückgeblieben war.

Seine Lehre beruht auf einem grundsätzlichen Dualismus, nach dem das Böse nicht emanativ aus dem Guten hervorgegangen ist, vielmehr stellen das Böse und das Gute als Finsternis und Licht ewige mythische Prinzipien dar. Das Unglück der Welt gründet in ihrer Vermischung, die sich nicht wie bei den Sethianern und Valentinianern ungewollt und durch einen Fehltritt vollzogen hat, sondern aus einem Angriff der Finsternis resultiert. Als die Finsternis das Licht angreift, erschafft das höchste Lichtwesen, der »Vater der Größe«, mithilfe der »Mutter des Lebens« den »Ersten Menschen«, der herabsteigt, um die Finsternis zu besiegen. Er ist dabei nicht erfolgreich und wird selbst in die Finsternis verstrickt. Zu seiner Erlösung muss ein weiteres Lichtwesen eingreifen. Es trägt verschiedene Namen, beispielsweise »Lebendiger Geist« oder »Großer Baumeister«. Dieses nun besiegt die Mächte der Finsternis und gestaltet aus ihren Leibern den Kosmos. Dabei werden zehn Himmel und acht Erden geschaffen sowie zusätzlich fünf Söhne des Lebendigen Geistes. Um sein Werk zu vollenden, greift der Lebendige Geist seinerseits nun die Finsternis an, ordnet ihre verbliebenen Elemente und filtert das in sie vermischte Licht, er läutert es aus, wodurch die Gestirne entstehen. Seinen fünf Söhnen weist er die fünf manichäischen Sphären des Kosmos zur Bewachung zu. Um noch weitere Lichtfunken zu destillieren, entstehen weitere Erlösergestalten, unter ihnen der »Dritte Gesandte« und »Jesus, der Glanz«. Damit die Archonten, d.h. die Herrscher über die materielle Welt, die in ihnen verfangenen Lichtteile freigeben, verführen die Erlöser sie zu sexueller Begierde, was einen entsprechenden Ausstoß von Körperflüssigkeiten zur Folge hat. Die Lichtteile kommen kurz frei, vermischen sich dann aber erneut mit der Begierde. Aus diesem Prozess entstehen einerseits Meeresungeheuer, andererseits die das Land bevölkernden Tiere und Pflanzen. Die Archonten erschaffen dann ihrerseits noch Adam, Eva und andere Menschen. Sie tragen aufgrund der Vermischung Lichtteile in sich, die weiterhin ausgeläutert werden müssen. Dieser Aufgabe widmeten sich die Manichäer in den meisten ihrer Verrichtungen.

Nach der Anschauung der Manichäer war fast alle Teilnahme an weltlichen Dingen, wozu auch die Nahrungsaufnahme und die Arbeit zählten, von Übel und vermehrte den Einfluss der Finsterniskräfte. Die manichäischen Gemeinden lösten das Problem, die Erfordernisse des täglichen Lebens nicht mit denen ihrer religiösen Überzeugungen in Einklang bringen zu können, indem sie sich in zwei Stände aufteilten. Nur der obere, die »Electi« (Auserwählten), lebten konsequent nach den manichäischen Idealen. Sie ernährten sich von wenigen Gemüsen, verrichteten keine körperliche Arbeit und konzentrierten sich aufs Beten und Fasten. Das materielle Bestehen der Gemeinden sicherten die »Credentes« oder »Katechumenen« (Gläubigen), die an die strenge Lebensführung, die der Manichäismus seinen Anhängern auferlegte, nur teilweise gebunden waren. Dadurch konnten sie sich selbst und die Electi versorgen. Zum Kultleben der Gemeinden gehörten außer den häufigen Gebeten und Schriftrezitationen abendliche sakramentale Mahlzeiten der Electi, die in erster Linie der Lichtausläuterung aus den verzehrten vegetarischen Speisen dienen sollten. Die ganze Gemeinde beging einmal jährlich einen Fastenmonat, an den sich nach Manis Tod das Bemafest zu seinem Gedenken anschloss. Anders als die

Manichäischer Mythos, Teil I

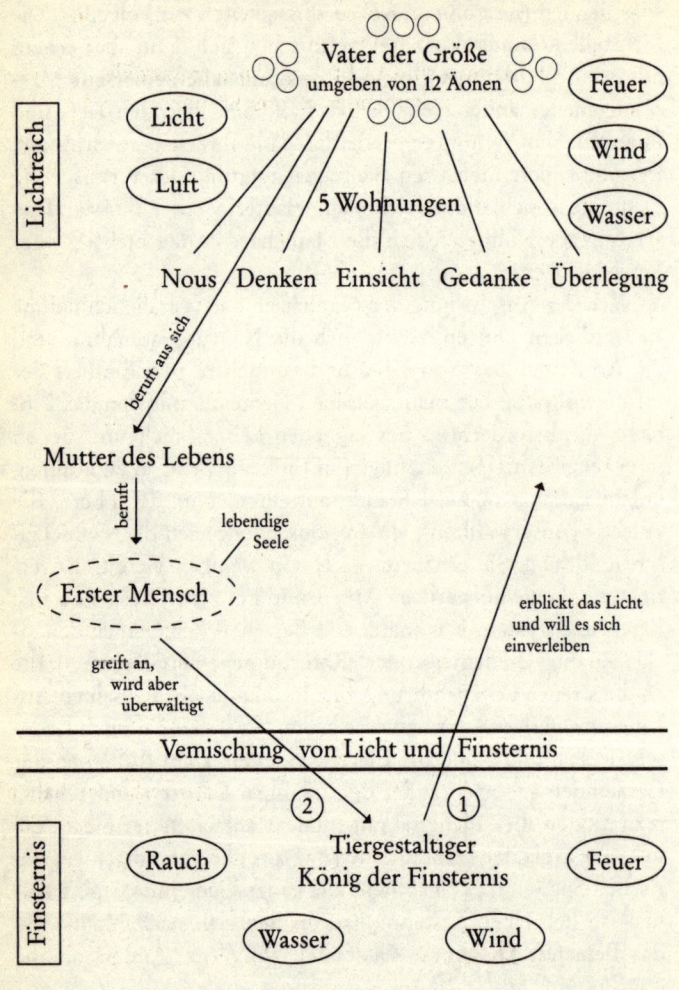

Vater der Größe
umgeben von 12 Äonen

Lichtreich

Licht

Luft

Feuer

Wind

Wasser

5 Wohnungen

Nous   Denken   Einsicht   Gedanke   Überlegung

beruft aus sich

Mutter des Lebens

beruft

lebendige
Seele

(Erster Mensch)

greift an,
wird aber
überwältigt

erblickt das Licht
und will es sich
einverleiben

Vemischung von Licht und Finsternis

②   ①

Finsternis

Rauch

Tiergestaltiger
König der Finsternis

Feuer

Wasser   Wind

110

Manichäischer Mythos, Teil II

Im Kosmos sind Licht- und Finsternisanteile
miteinander vermischt.

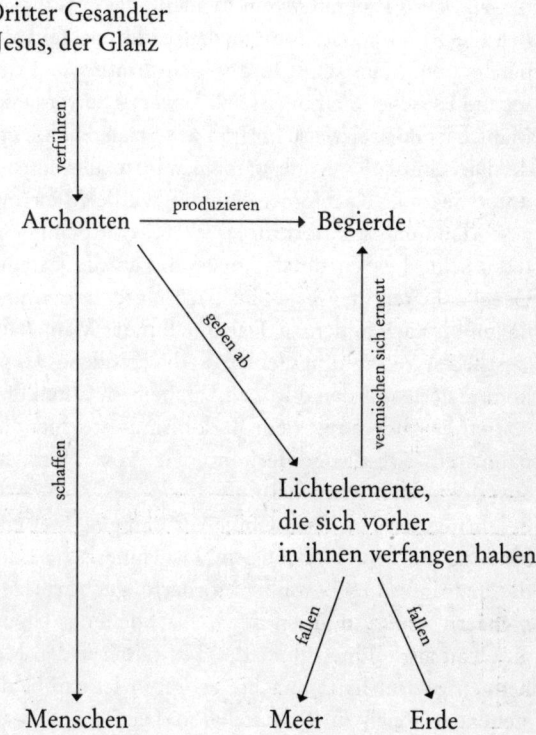

Dritter Gesandter
Jesus, der Glanz

verführen

Archonten — produzieren → Begierde

geben ab

vermischen sich erneut

schaffen

Lichtelemente,
die sich vorher
in ihnen verfangen haben

fallen   fallen

Menschen   Meer   Erde

gnostischen Gruppierungen des 2. Jahrhunderts bildeten die Manichäer eine der christlichen Kirche vergleichbare straffe Organisation. Die Electi waren unter sich noch einmal strikt hierarchisch gegliedert. An ihrer Spitze stand ein Archegos, der nach Manis Tod dessen Position einnahm, ihm unterstanden zwölf so genannte Lehrer, 72 Bischöfe und 360 Presbyter.

Bei aller Entschiedenheit, mit der Mani ein sehr spezifisches Weltbild vertrat, war dieses elastisch genug, um an sehr unterschiedliche Kulturen angepasst zu werden. Die Mission gehörte fest zu Manis Programm, ein Element, das er wahrscheinlich von den Elechasaiten übernommen hatte, die ebenfalls aktive Missionare waren. Mani selbst und seinem Einfluss auf den sassanidischen Herrscher Shapur (242-273) war es zu verdanken, dass der Manichäismus zeitweise im Iran zur Staatsreligion erhoben wurde. Die Gunst der Königsfamilie währte allerdings nicht lange; unter Shapurs Nachfolger Bahram wurde Mani ins Gefängnis geworfen und starb dort im Jahr 276. Seine Schüler aber verbreiteten seine Lehren unter Anpassung an die jeweiligen lokalen Gegebenheiten im Westen bis nach Nordafrika und Spanien, im Osten bis nach Südchina. Dabei nahm der Manichäismus in den westlichen Verbreitungsgebieten ein christliches Gepräge an und konkurrierte mit den dortigen Kirchen; im Osten dagegen setzte er sich besonders mit dem Buddhismus auseinander und übernahm teilweise dessen Terminologie. Vom Nordosten des Iran aus drang der Manichäismus Ende des 7. bzw. Anfang des 8. Jahrhunderts bis nach China vor und ging hier eine enge Verbindung mit dem Taoismus ein. Die chinesische T'ang-Dynastie, die den Taoismus besonders förderte, gewährte auch den Manichäern Schutz in ihrem Reich. Nachdem der Uigurenfürst Bögü Chan als Söldnerführer der T'ang-Kaiser den Manichäismus kennen gelernt hatte, machte er ihn in seinem bald darauf entstehenden Reich zur Staatsreligion. Die Uiguren waren ein zentralasiatisches Turkvolk, dessen militärische Stärke sie vom 7. bis zum 10. Jahrhundert zu einer dominanten Größe aufsteigen ließ. Es gelang ihnen sogar, die von interner Konkurrenz bedrängten chinesischen Herrscher von sich abhängig zu machen. Ihre Vormachtstellung in Mittelasien bescherte dem Manichäismus eine reiche künstlerische Blüte, die sich nach dem Niedergang des Uigurenreiches noch über Jahrhunderte im Staat von Chotscho bei Turfan fortsetzte. Der Manichäismus hielt sich in dieser Region an der Seidenstraße bis ins 14., in einigen südchinesischen Randgebieten sogar bis ins 16. Jahrhundert.

Die dualistischen Häresien des europäischen Mittelalters

Der Manichäismus verbreitete sich in allen Teilen des Römischen Reiches und gelangte auch nach Kleinasien und in den Balkanraum. Hier übten im frühen Mittelalter zwei neumanichäische Bewegungen einen großen Einfluss aus, drangen nach Westen vor und spielten eine erhebliche Rolle in der abendländischen Religionsgeschichte.

In Nordsyrien und Armenien entstand im 7. Jahrhundert die Bewegung der Paulikianer. Ihre Anfänge liegen im Dunkeln. Als Urheber dieses erneuten Durchbruchs dualistischen Denkens, lange nachdem das großkirchlich institutionalisierte Christentum zur Staatsreligion erhoben worden war, kommt ein Prediger namens Paulus von Samosata infrage, über dessen genaue Identität und Lehre nichts Näheres bekannt ist. Er wurde in kirchlichen Quellen mit Paulus von Samosata gleichgesetzt, der im 3. Jahrhundert ein bekannter häretischer Bischof von Antiochien gewesen war.

Von der Bewegung der Paulikianer ging eine erhebliche soziale Sprengkraft aus, was vielleicht den Hauptgrund für ihre blutige Bekämpfung durch die byzantinische Staatsmacht bildete. Sie waren bereit, für ihre Überzeugungen mit Waffen einzutreten. Die Paulikianer klagten die feudale Ordnung an, weil sie gegen die christlichen Prinzipien verstieß. Sie verurteilten die Prachtausstattungen der byzantinischen Kirchen und mit ihnen den Bilderkult. Über ihre Lehren sind keine Originalquellen überliefert. Nach dem zeitgenössischen Bericht des byzantinischen Historikers Petrus Sikeliotes kannten sie einen dualistischen Mythos, der den Kampf zweier unvereinbarer Prinzipien von Gut und Böse beschrieb. Das gesamte Alte Testament und der Glaube an die Menschlichkeit Christi wurden von ihnen abgelehnt.

Die byzantinischen Autoritäten scheinen die Lehren der Paulikianer sehr gefürchtet zu haben und brachten der Bewegung 872 mit militärischen Mitteln auf ihrem Staatsgebiet die entscheidende Niederlage bei. Viele ihrer Anhänger wanderten daraufhin nach Süditalien aus.

Wenig später, Anfang des 10. Jahrhunderts, gründete ein gewisser Bogomil in Bulgarien die Gemeinschaft der nach ihm benannten Bogomilen. Obwohl sie zweifellos von den Paulikianern beeinflusst worden waren und wie sie sakrale Pracht und kirchlichen Luxus ablehnten, glich ihre Lebensführung eher der des klassischen Manichäismus. Die Bogomilen waren unkriegerisch, asketisch und weltflüchtig. Sie fasteten häufig; der Genuss von Fleisch und Wein war ihnen ausnahmslos verboten. Sie verehrten Christus als reines Geistwesen; sie negierten mithin wie viele gnostische Gruppen seine reale Menschwerdung. Auch die Bogomilen kannten einen kosmogonischen Mythos, von dem eine Version im Original erhalten ist. Sie ist in der – wahrscheinlich kompilierten – Schrift *Interrogatio Iohannis* überliefert. Danach waren die Seelen der Menschen ursprünglich Engel. Sie wurden vom Teufel Sathanael zur Sünde verführt und dann von ihm in irdische Körper gesperrt.

Die Bogomilen verbreiteten ihre Lehren nicht nur im Donauraum, von ihnen gingen auch wesentliche Impulse für den Katharismus aus, ein äußerst komplexes religionsgeschichtliches Phänomen, gegen das der Papst Anfang des 13. Jahrhunderts zu einem eigenen Kreuzzug aufrief. Die Wurzeln des Katharismus sind sicher vielfältig. Infolge günstiger machtpolitischer und kultureller Umstände wurde im 12. Jahrhundert die Provence zu einem Sammelbecken devianter religiöser Strömungen, in denen altchristlich-esoterische, kabbalistische und sehr wahrscheinlich auch sufische (d.h. mystisch-islamische) Elemente eine Rolle spielten. Letztere könnten entweder durch die Kreuzfahrer nach Europa getragen worden oder über Spanien eingesickert sein, das bis 1492 unter islamischem Kultureinfluss stand.

Bereits im 4. Jahrhundert hatte in Südfrankreich der Spanier Priscillian eine asketisch-esoterische christliche Lehrauffassung begründet, die manichäische Züge trug. Obwohl er sich breiten Zuspruchs erfreuen konnte, wurde Priscillian verketzert und auf einer Synode in Bordeaux 384 zum Tode verurteilt. Im Einzelnen ist der Lehrstreit zwischen ihm und den obsiegenden katholischen Autoritäten aufgrund der Quellenlage schwer zu rekonstruieren, doch spricht alles dafür, dass Priscillian einen radikalisierten Paulinismus vertrat, der das Merkmal vieler Gnostiker ist. Entsprechende Tendenzen haben in der Region wahrscheinlich jahrhundertelang überlebt und flammten dann im Katharismus wieder auf.

Spanien und Südfrankreich waren im 12. bzw. 13. Jahrhundert auch Hochburgen der jüdischen Esoterik, der Kabbala, die auf interessierte und aufgeschlossene Christen einen Einfluss ausgeübt haben könnte. Hinzu kommt die geheimnisvolle Kultur der Troubadoure, der provenzalischen Dichter und Sänger, in deren Werken sich weltliche Liebessehnsucht und spirituelle Suche vermischten. In diesem Milieu also entstand der Katharis-

115

mus als breit gefächerte Bewegung ohne einheitliche Dogmatik. Viele Elemente der dualistischen Gnosis tauchen in seinen religiösen Überzeugungen wieder auf: die Ablehnung des Alten Testaments, doketische Christologie, wobei Christus als »reiner Engel« auch nur eine Erlösergestalt unter vielen sein konnte, allegorische Schriftauslegungen, besonders des vierten Evangeliums und der Johannesapokalypse, und insgesamt ein mythisch-eklektisches Denken. Die Apokalyptik, die von wesentlichem Einfluss auf die antike Gnosis gewesen war, flammte bei den Katharern wieder auf: Spekulationen über die letzten Dinge nahmen bei ihnen breiten Raum ein.

Wie die Manichäer waren die katharischen Gemeinden in zwei religiöse Stände geteilt: die Perfecti (Vollkommenen) und die Credentes (Gläubigen). Die Perfecti trugen ihre Reinheit symbolisierende weiße Gewänder, nach denen die Katharer auch Albigenser genannt wurden. Sie waren Vegetarier, fasteten viel, verzichteten auf materiellen Besitz und durften keine sexuellen Beziehungen unterhalten. Die Credentes, die noch stärker weltlichen Belangen zugewandt waren, hörten ihre Predigten und beteiligten sich an einigen ihrer kultischen Verrichtungen, etwa an Gebeten, gemeinsamem Brotbrechen und regelmäßigen Bußübungen. Versagt blieb ihnen das Consolamentum, die Geisttaufe, durch die ein Katharer in den Stand des Perfectus erhoben wurde. Das Consolamentum, das auch mehrmals erteilt werden konnte, bestand hauptsächlich in einer Handauflegung und dem mehrmaligen Sprechen des Vaterunsers. Dann wurde aus dem Johannesevangelium vorgelesen und als Abschluss der Handlung dem Täufling (der auch weiblichen Geschlechts sein konnte) das aufgeschlagene Buch auf den Kopf gelegt. Vor der erstmaligen Erteilung des Consolamentums durchlief der Novize eine Probezeit, in der er sich durch ausgiebiges Fasten und Beten auf den Stand der Vollkommenheit vorbereitete. Während der Prozedur müssen die angehenden Perfecti intensive spirituelle Erfahrungen gemacht haben, die in manchen Quellen als das Erscheinen des Parakleten umschrieben werden. Diese im Johannesevangelium erwähnte Figur, die die Offenbarung Jesu weiterführen sollte, galt den Manichäern als »Geist der Wahrheit«, mit dem sowohl Mani selbst als auch sein himmlischer Zwilling identifiziert wurden.

Ein politisches Programm wie die Paulikianer hatten die Katharer nicht, sie wurden aber aufgrund der singulären Verhältnisse im Languedoc dennoch zum Politikum. Die Grafen von Toulouse machten sich die Streitigkeiten der großen Lehns- und Territorialfürsten zunutze und strebten nach Unabhängigkeit. Dabei konnten sie sich des Katharismus als unterstützender Weltanschauung bedienen, da Letzterer die gängigen Herrschaftsformen und -institutionen ablehnte. Diese Konstellation verhalf den Katharern einerseits zu einer zeitweisen großen Blüte, andererseits gerieten sie hierdurch noch stärker in das Blickfeld rein politischer Interessen der katholischen Kirche und des ihnen verbundenen Königs von Frankreich sowie einiger französischer und italienischer Großfürsten. 1244 fiel die Burg von Montségur als letzte Bastion der Katharer. Seitdem konnten sie sich nur noch in einigen abgelegenen Gegenden der Pyrenäen, Süditaliens und Siziliens halten. Da sie die südfranzösische Volkskultur stark geprägt hatten, wirkten Elemente ihres Glaubens freilich in verdeckter Form im hoch- und spätmittelalterlichen Geistesleben fort. Die Grallegende ist tief vom Ethos der Katharer geprägt.

Mythologische Gnosis in Judentum und Islam

Wie bereits mehrfach thematisiert, war die Verbindung der Gnosis zum Judentum besonders eng und passte sich bestimmten

Strömungen organischer ein, als dies beim Christentum der Fall war. Vor allem gab es bei gnostischen Auslegungen jüdischer Lehren nicht das Problem, dass Erlösungs- bzw. kosmische Restitutionsvorstellungen mit dem Christusmythos in eine mehr oder weniger künstliche Verbindung gezwungen werden mussten. Auch waren die organisatorischen Strukturen des Judentums lockerer und einzelne Rabbiner konnten gnostisierende Tendenzen eher tolerieren oder sogar integrieren als christliche Priester und Bischöfe.

Die große Nähe der Merkava-Mystik, der frühesten verschriftlichten Form der jüdischen Kabbala, zu gnostischem Gedankengut im 3. Jahrhundert wurde bereits erwähnt. In den Hekhalot-Texten werden die göttlichen Thronwelten beschrieben, zu denen der Myste mittels geheim gehaltener magischer Techniken aufsteigen und die er bis zu einem gewissen Punkt durchschreiten kann. Die unmittelbare Schau des Einen Gottes bleibt ihm vorenthalten. Die Hekhalot-Texte enthalten keine Kosmogonie im eigentlichen Sinne; ihre Aufmerksamkeit ist ganz auf die immateriellen Sphären gerichtet und ihre Spekulationen beziehen die natürliche Welt nicht mit ein.

Die erste kosmogonische Schrift der Kabbala ist das *Buch der Schöpfung (Sefer Yezira)*. Philologen datieren seine Endredaktion auf das 9. Jahrhundert, die kabbalistische Tradition aber will es bereits seit dem 2. Jahrhundert kennen. Im *Sefer Yezira* sind alle Grundmerkmale der Kabbala angelegt, die im Hochmittelalter zu ihrer höchsten Blüte gelangen und dann die abendländische Esoterik nachhaltig befruchten sollte. Zu diesen Grundmerkmalen gehören in erster Linie eine ausgeklügelte Buchstaben- und Zahlensymbolik, in der die kosmischen und menschlichen Phänomene chiffriert sind. Auf diese Weise gelingt es den Kabbalisten, Korrespondenzen zwischen der natürlichen Erscheinungswelt und der Heiligen Schrift herzustellen, deren Buchstaben jeweils mit Zahlenwerten und eigenen Bedeutungsgehalten unterlegt wurden. Im *Buch der Schöpfung* wird der geheime Sinn der Buchstaben auf drei verschiedenen Ebenen dargelegt: der der Sternenwelt, der des Menschen und der der natürlichen Zeit. Zahlen und Buchstaben agieren hier getrennt; die Zahlen sind die Grundkräfte des Seins, die in der späteren Kabbala »Sefirot« genannt werden, und aus den Buchstaben gehen die Elemente des Universums hervor. Die Schöpfung vollzieht sich so in harmonischer Weise, kein Bruch wie in der Gnosis wird dabei thematisiert. In ähnlicher Weise wird sie im *Buch der Klarheit (Sefer ha-Bahir)* beschrieben, das im 12. Jahrhundert in der Provence entstand. Hier schreitet das mythische Denken weiter fort, indem die göttlichen Kräfte und Potenzen nicht mehr nur in den Buchstaben erscheinen, sondern zu äonischen Wesenheiten werden.

Ihren Höhepunkt erreichte die mythische Kabbala mit dem *Sohar (Buch des Glanzes)*, einem fünfbändigen Werk, das Ende des 13. Jahrhunderts in Spanien verfasst wurde. Im Zuge weitschweifiger allegorischer Auslegungen von biblischen Texten entwickelt der Autor (als der heute meistens Mose ben Shem Tov de Leon angenommen wird, wobei Teile des umfangreichen Werkes wahrscheinlich von seinen Schülern stammen) eine theosophische Lehre mit gnostischen Zügen. Die Ähnlichkeiten mit den gnostischen Systemen sind eklatant, doch der gnostische Dualismus wird auch hier vermieden. Wie der höchste Gott der Gnosis ruht nach dem *Sohar* das Endlose (hebr.: 'Eiyn Sof), das auch »Nichts« (hebr.: 'Ayin) genannt wird, in einer dunklen Verborgenheit, wo es nur sich selbst zugänglich ist. Darunter entfalten sich die zehn göttlichen Attribute, in deren Symbolik die ganze Welt enthalten ist. Sie werden zu den sieben Schöpfungstagen ebenso in Beziehung gesetzt wie zu verschiedenen menschlichen Körperteilen. Anders als das qualitätslose 'Eiyn Sof sind die Attribute positiv bestimmbar, woraus sich das Problem ergibt, dass keine der Eigenschaften, die durch sie dargestellt werden, ein Übergewicht erlangen darf. Diese Gefahr bringt das Attribut Gebura oder Din, die göttliche Strenge und Gerichtsbarkeit, mit sich. Sie nimmt eine ähnliche Rolle ein wie Sophia in der sethianischen und valentinianischen Gnosis. Durch Ablösung von Chessed, der göttlichen Liebe und Gnade, stört Gebura die Harmonie des Seins, wird zur Verursacherin des Bösen und nimmt selbst widergöttliche Züge an.

Auch die kabbalistische Lehre Isaak Lurias (1534-1572) enthält einen kosmogonisch-anthropogonischen Mythos, der Anklänge an die Gnosis aufweist. Hier kommt es durch die Ausgießung göttlichen Lichts zu einer Art Fallgeschehen. Das Licht sprüht aus dem Gesicht des Urmenschen Adam Kadmon, seiner ersten Manifestation, und kann durch die unteren Gefäße, die es aufnehmen sollen, nicht gehalten werden. Die Gefäße zerbrechen und die Scherben, die zusammen mit den an ihnen haftenden Lichtpartikeln in gottferne Tiefen fallen, werden zum Ursprung böser Gegenwelten.

Soweit bekannt ist, waren mit solchen gnostisierenden kabbalistischen Mythen zu keiner Zeit eigene Gemeindebildungen verbunden, was der bei allen Ähnlichkeiten auffälligen Zurückhaltung entspricht, mit der keimhaft dualistische Ansätze immer in einen integrativen jüdischen Schöpfungsglauben eingebunden bleiben. Da diese jüdischen Gnostiker keine Sondergruppierungen bildeten, die sich sozial hätten abgrenzen müssen, blieb ihr Menschenbild im Wesentlichen monistisch.

Ganz anders verhält es sich diesbezüglich mit der islamischen Gnosis, die im Laufe ihrer früheren Geschichte ausgesprochen aggressiv und kämpferisch aufgetreten ist. Der Islam kam zuerst in Kufa mit der Gnosis in Berührung. In dieser von verschiedenen Kulturen geprägten Region des heutigen Irak entstanden unter dem Einfluss hier lebender Nicht-Araber deviante Strömungen, von denen die als Staatsreligion des Iran heute bedeutendste die der Zwölfer-Schiiten ist. Die Schiiten (wörtl.: »Parteigänger«) waren Anhänger Alis, des Schwiegersohns des Propheten Mohammed, der gemeinsam mit seinen Söhnen Hassan und Hussayn erfolglos versucht hatte, im frühen Islam ein dynastisches Herrschaftssystem zu etablieren. Sie verehren Imame (»Führer«, »Meister«), denen übermenschliche Qualitäten und ein esoterisches Wissen über die wahre Bedeutung des Korans zugeschrieben werden. Einige Gruppierungen, wie insbesondere die frühen Ismailiten, die nach dem siebten Imam, Ismail, benannt sind, und die so genannten Ghulat-Gruppen (»Übertreiber-Gruppen«), haben die Imamvorstellungen kosmologisch ausgekleidet und so eigene quasignostische Mythen gebildet. Ein derartiger Mythos wird in der *Risala* (arabisch: »Brief«) des Ibn Murshid[44] überliefert: Nach dem Willen des höchsten Einen Göttlichen entsteht zuerst als weibliches Wesen sein hypostasierter Schöpfungsbefehl Kuni und dann der männliche Qadar (»Schicksal«). Diese beiden schaffen die geistigen Hierarchien. Aus buchstabenspekulativer Ausdeutung der Namen von Kuni und Qadar ergibt sich eine Prophetenfolge nach ismailitischer Auffassung, an deren letzter Stelle der Qa'im als endzeitlicher Heilsbringer steht. Ihn vertritt wiederum der ismailitische Imam.

Das islamisch-gnostische Denken ist sehr stark eschatologisch orientiert. Es erwartet den letzten Propheten oder Imam als Mahdi, als endzeitlichen Heilsbringer, der Kult und Gesetz aufheben wird. Dem *Buch der Heptade und der Schatten* sowie der *Urschrift* oder *Mutter des Bücher* zufolge, die beide in randständigen schiitischen Milieus tradiert wurden, hatte der Imam auch die Aufgabe, die Menschen an ihre ursprüngliche Lichtnatur zu erinnern. Durch ein komplexes kosmogonisches Geschehen wurden sie als ursprünglich himmlische Geister auf die Erde versetzt und mit Lehmkörpern ausgestattet. Nur durch unbedingte

121

Gefolgschaft gegenüber dem jeweiligen Imam konnten sie von ihrem unglücklichen Dasein auf der Erde erlöst werden. Wie die Paulikianer des Balkangebiets traten die schiitischen Gnostiker mit einem sozialrevolutionären Anspruch auf. Sie erwarteten die Ankunft des Mahdi, wenn Ungerechtigkeit und Unterdrückung auf der Welt ihren Höhepunkt erreicht haben würden. Konnte sich allerdings ein solcher Mahdi längerfristig etablieren, wie im Falle der Fatimidenkalifen, die im 10. Jahrhundert in Kairo eine ganze Dynastie einsetzten, musste die Ideologie der Ismailiten zwangsläufig entsprechend entschärft werden: Dem dualistischen Mythos wurde seine Brisanz genommen, indem man ihn philosophisch abmilderte und »objektivierte«. Die Sozialzusammenhänge der ismailitischen Gnosis weisen damit eine sehr ähnliche Dynamik auf wie die der antiken Gnosis. Sie entstand im Gebiet von Kufa als typische Konkurrenzideologie einer schiitischen Splittergruppe, die dem achten Imam der Schiiten, Ali al-Rida, die Gefolgschaft verweigerte und die von ihm beanspruchte Rolle entweder durch den verstorbenen Ismail, Sohn des sechsten Imams und bedeutenden Lehrers der Geheimwissenschaften Gafar as-Sadiq, oder durch seinen Bruder Muhammad ausgefüllt sah. Nach Ismails Tod nahmen einige seiner Anhänger an, er sei nur scheinbar gestorben und wirke im Verborgenen weiter. Im Zuge dieses Konflikts formierten sich die Ismailiten als eigene Strömung der Schiiten. Sie lehrten einen bereits erwähnten kosmogonischen Mythos, dem zufolge aus dem höchsten Einen zunächst als sein Schöpfungsbefehl die weibliche Hypostase Kuni und dann das männlich verstandene Schicksal Qadar hervorgeht. Durch eine an beider Namen anschließende Buchstabenspekulation ergibt sich die Prophetenfolge im ismailitischen Verständnis: Adam (k), Noah (u), Abraham (n), Mose (y bzw. i), Jesus (q), Muhammad (d), Qa:im (r). Letzterer ist ein von den Ismailiten in der Zukunft erwarteter Heilsbringer, der vorerst durch Imame vertreten wird. Kuni und Qadar erschaffen weitere intelligible Wesen, unter denen Ǧadd, Fath und Hayal besonders hervortreten. Zusammen mit Kuni und Qadar bilden sie die oberste Pentade an der Spitze der himmlischen Hierarchien. Dieser Mythos wurde in der Folgezeit philosophisch überarbeitet und in dieser Form von dem Herrscherhaus der Fatimiden vertreten, das Ende des 9. bzw. Anfang des 10. Jahrhunderts eine von Ubayd Allah im Irak begründete Lehre als Sonderform der ismailitischen Lehre annahm. Im Zentrum dieser Lehre stand zunächst einmal Ubayd Allah selbst, der sich als der wieder erschienene Ismail ausgab und den Status des Mahdi, des von allen Schiiten erwarteten endzeitlichen Retters, beanspruchte. Bald beherrschten die Fatimiden ganz Nordafrika. Ihre Kalifen galten alle als Imame, die die Ankunft des ismailitischen Qa'ims vorbereiteten. Die Entwicklung nahm erneut Dynamik an, als einige Abweichler in Ägypten den sechsten Fatimidenkalifen al-Hakim (996-1021) für den Qa'im erklärten. Inwieweit al-Hakim diese Auffassung teilte, ist ungeklärt, jedenfalls soll er durch einen ungewöhnlichen Regierungsstil von sich reden gemacht haben. Im Jahr 1019 begründete Hamsa ibn Ali die Gemeinschaft der Drusen, die an die Göttlichkeit al-Hakims glaubte, seine Gestalt in den älteren ismailitischen Mythos einbaute und Letzteren dadurch erneuerte, diesmal nicht durch Objektivierung, sondern durch Remythisierung. Die Drusen, die durch die Fatimiden konsequent verfolgt wurden, konnten sich in Ägypten nicht halten, leben aber bis heute in Gebirgsregionen des Libanon und Syriens, wo ihr revolutionärer Impetus im Laufe der Geschichte immer wieder eine Rolle spielte.

Ende des 11. Jahrhunderts spalteten sich von den Fatimiden die Nisarier ab und nahmen ebenfalls die frühe kosmogonische Mythologie der Ismailiten wieder auf. Diese Bewegung entstand im Iran, nachdem Nisar, der Sohn des Kalifen al-Mustansir, in

Kämpfen um die Thronfolge in Kairo getötet worden war. Der Iraner Hasan-i Sabah, bis dahin Gefolgsmann der Fatimiden, machte sich daraufhin selbstständig und begründete die kriegerischen Nisarier. Als »Assassinen« jagten sie auf syrischem Gebiet den europäischen Kreuzfahrern Furcht und Schrecken ein. In den nachfolgenden Jahrhunderten jedoch relativierten diese Ismailiten anders als die Drusen ihre unruhige Haltung und eschatologische Naherwartung. Geblieben sind den wenigen Ismailiten, die heute ihr Zentrum in Indien haben, eine laxe Handhabung von religiösen Gesetzes- und Kultvorschriften sowie das Bemühen, ihre Lehren durch allegorische Auslegungen, die deren geheimen Sinn erfassen sollen, an Erfordernisse der Gegenwart anzupassen. Die lange Geschichte der islamischen Gnosis zeigt freilich, dass eine Wiederaufnahme und Reinterpretation des ismailitischen Mythos von politischen und gesellschaftlichen Umständen abhängig und somit auch für die Zukunft keineswegs unwahrscheinlich ist.

Die Gnosis im völkischen Denken und im Nationalsozialismus

Einen Sonderfall dualistischen Denkens, wie es die Gnosis einerseits in einer Kosmologie der Licht- und Finsterniswelt und andererseits in einer Anthropologie von Licht- und Finsterniswesen, von per se Erlösten und per se Verdammten, hervorbrachte, stellen Aspekte der völkischen Ideologie dar. Die sog. völkische Bewegung, eine Mischung aus romantischer Naturschwärmerei und Nationalismus, die sich in der zweiten Hälfte des 19. Jahrhunderts entwickelte, verband sich alsbald mit rassistischen Theorien, deren genaue Hintergründe nicht erforscht sind. Sie weisen allerdings eine bemerkenswerte strukturelle Gleichartigkeit mit den gnostischen Kosmologien und Abstammungslehren auf, wobei Letztere – man denke besonders an den Mythos des Basilides und Jesu Verdikt im Johannesevangelium – ja bereits explizit den Gegensatz zwischen Lichtmenschen und Juden stilisiert haben.

Im Vorfeld des Nationalsozialismus spitzten sich die Spekulationen um die Funktion bestimmter Rassen für den evolutionär verstandenen Lauf der Geschichte auf einen Gegensatz zwischen Juden und »Ariern« zu. Den hellhäutigen Ariern, die die Welt vor der Herrschaft von mehr oder weniger präzise bezeichneten »Dunkelrassen« bewahren sollten, wurden mythische Regionen zugewiesen, Eis- und Schneelandschaften entweder im Nordmeer (Thule) oder im Hochgebirge Zentralasiens (Schambhala). Auch an antike Legenden über Hyperborea, die Fortsetzerin der Kultur von Atlantis, wurde in diesem Zusammenhang angeknüpft. Eine Reihe esoterischer Organisationen, etwa die Thule-Gesellschaft und verschiedene »Germanenorden«, pflegte besonders in Deutschland und Österreich derartiges Gedankengut. Seine schärfste Ausprägung und einen unmittelbar politischen Bezug erlangte es durch Jörg Lanz von Liebenfels (1874-1954), den Wiener Zisterziensermönch und Publizisten, der eine germanische »Rassenurreligion« verkündete. Sie bestand aus einem sehr vage gefassten Pantheismus und einer zu ihm in Widerspruch stehenden Verherrlichung der arischen Rasse bzw. der Germanen. Lanz von Liebenfels, der Begründer der so genannten Ariosophie (»arischen Weisheit«), hat es jedoch verstanden, einige Elemente in dieses Konstrukt einzufügen, die sich in esoterischen Kreisen eines breiten Interesses erfreuten. So brachte er seine abstrusen Ideen, deren tatsächliche historische Quellen unbekannt sind, mit dem von vielen Legenden umrankten Templerorden und dem Heiligen Gral in Verbindung. Am Ende führte er das Ganze als »wahre Lehre« des gotischen Bibelübersetzers

Wulfila auf die Arianer zurück, die Anhänger der Überzeugung, dass Jesus nur Mensch, aber nicht Gott gewesen sei. Diese Bewegung war vom 4. bis ins 7. Jahrhundert von der katholischen Kirche wegen Häresie verfolgt worden. Das »Germanische« an ihr bestand historisch lediglich darin, dass sie hauptsächlich vom germanischen Stamm der Goten getragen worden war. Entsprechend waren im von Liebenfels 1907 gegründeten »Neuen Templerorden« (Ordo Novi Templi) die Weihegrade von der äußeren »germanischen« Erscheinung der Initianten abhängig. Von der SS bis zum Lebensborn, der Zuchtstätte für besonders »arisch« aussehende Menschen, schöpfte der Nationalsozialismus aus dem ariosophischen Ideenkonglomerat mit seinen zu einem wesentlichen Teil gnostischen Wurzeln; eine direkte Beziehung Hitlers zu Lanz von Liebenfels ist bis heute umstritten.[45]

Ein weiterer wichtiger Ideologe des Nationalsozialismus war Alfred Rosenberg (1893-1946), selbst aktives Mitglied der Thule-Gesellschaft und einer der frühesten Förderer Hitlers. Bereits 1919 trat Rosenberg der NSDAP bei, die zu dieser Zeit noch »Deutsche Arbeiterpartei« hieß. Seit 1923 leitete er die Parteizeitung *Völkischer Beobachter*. Neben mehreren antijüdischen und antifreimaurerischen Pamphleten verfasste er den *Mythus des zwanzigsten Jahrhunderts*, sein mit einem philosophischen Anspruch unterlegtes Hauptwerk, das 1930 veröffentlicht wurde und nach Hitlers *Mein Kampf* als wichtigste Abhandlung über den Glauben und die Ziele der nationalsozialistischen Bewegung galt.

Schon die Tatsache, dass hier eine Fundierung des völkisch-rassistischen Ideenkonglomerats, von dem die Nationalsozialisten zehrten, bewusst in mythischer Form vorgenommen wurde, verweist auf die Gnosis. Auch gab Alfred Rosenberg dem Nationalsozialismus, der teilweise aus dem esoterischen Milieu gespeist wurde, noch einmal ausdrücklich einen religiösen Anstrich. Der Inhalt dieser »Religion des Blutes« hatte allerdings mit einer erneut den unüberwindlichen Gegensatz zwischen Juden und »Ariern« heraufbeschwörenden Rassenspekulation sein Bewenden. Ebenso wie Lanz von Liebenfels bemühte Rosenberg einige beliebte Themen aus der esoterischen Szenerie, um seinem Mythos etwas mehr Farbe zu verleihen. Er lokalisierte Atlantis im Nordmeer und sah Island als sein letztes Überbleibsel an. Auf dem versunkenen Kontinent habe sich einst die hohe arische Kultur entfaltet. Von Atlantis aus seien die Arier in mehreren Schüben nach Europa und Asien gewandert und hätten dort die bekannten historischen Zivilisationen errichtet. Die gesamte Weltgeschichte ist nach Rosenberg nichts anderes als Rassengeschichte. Er spricht von Vorkehrungen der Arier, die eigene Rasse vor der Durchmischung ihres »reinen Blutes« mit dem niederrassiger Menschen zu schützen. Dennoch sei es gelungen, mit Judentum und Christentum den »semitischen Geist« weltweit durchzusetzen. Unter dem Zeichen des Hakenkreuzes aber erwache nun die arisch-germanische Rassenseele und finde zum konsequenten Rassenschutz zurück.

Soweit bisher festgestellt werden kann, nahmen Rassentheoretiker seit dem 19. Jahrhundert das dualistische gnostische Muster der Welterklärung wieder auf, ohne dass es vom Antijudaismus der Gnostiker zum Rassenantisemitismus des Nationalsozialismus greifbare historische Verbindungen gäbe. Jedoch hat der Antisemitismus viele Wurzeln, deren Zusammenspiel und verschiedene Wirkungen in der abendländischen Kulturgeschichte nicht in allen Einzelheiten erforscht sind. Bislang nur wenig Aufmerksamkeit wurde der Rolle des gnostischen Erbes gewidmet, in dem lange vor dem Aufkommen des biologistischen Rassismus die Juden als Geschöpfe des abgelehnten alttestamentlichen Gottes zu Feinden der gnostischen »Lichtmenschen« erklärt werden.

Anhang

Anmerkungen

1 Diesen Prozess erläutert sehr anschaulich: F. Dexinger, Die Sekten-
problematik im Judentum, in: Kairos 21 (1979) Nr. 4, S. 273-287.

2 Siehe dazu: H.G. Kippenberg, Garizim und Synagoge, Berlin 1971, S.
41-43.

3 Edition mit Kommentar und engl. Übersetzung von: E.S. Drower,
The Haran Gawaita and The Baptism of Hibil Ziwa, Vatikanstadt
1953. Wichtige Auszüge in deutscher Übersetzung von: K. Rudolph,
Mandäische Quellen, in: W. Foerster (Hg.), Die Gnosis II, Neuauflage
besorgt von M. Krause/K. Rudolph, München/Zürich 1995, S. 397-
400.

4 Vgl. Josephus, Antiquitates XIII 9,1 und XIII 11,3.

5 Vgl. Buch der Geschichte, Kap. 50.

6 Vgl. Pseudo-Clementinen 24,1, übers. von J. Irmscher/G. Strecker,
in: W. Schneemelcher (Hg.), Neutestamentliche Apokryphen in deutscher Übersetzung, Bd. 2, 5. Aufl., Tübingen 1989, S. 464.

7 Möglicherweise hat auch ExSeele darauf einen Hinweis auf S. 36, Z.
35, wo der schadhafte koptische Text zu »Helena« emendiert werden
kann. Vgl. Laytons Edition in NHC II,2-7, 1989, Bd. 2, S. 166, mit
Hinweis auf Homers Odyssee IV 260 f.

8 Vgl. auch: H.G. Kippenberg, Garizim und Synagoge, Berlin 1971, S.
346, Anm. 134: Helena = Mond- und Erdgöttin.

9 Vgl. G. Lüdemann, Untersuchungen zur simonianischen Gnosis, Göttingen 1975, S. 76.

10 Vgl. ebenda, S. 55 f.

11 Vgl. ebenda, S. 52-54.

12 Vgl. Strom § 52,2.

13 Vgl. Apg 8,10.

14 Vgl. J.E. Fossum, The Name of God and the Angel of the Lord. Sa-
maritan and Jewish Concepts of Intermediation and the Origin of
Gnosticism, Tübingen 1985, bes. S. 162 ff. Darauf hat allerdings auch

schon H.G. Kippenberg (Garizim und Synagoge, a.a.O., S. 328 ff.) hingewiesen und die samaritanischen Belege im Einzelnen aufgeführt.

15 Vgl. dazu: B. Byrne, »Sons of God« – »Seed of Abraham«. A Study of the Idea of the Sonship of God of all Christians in Paul against the Jewish Background, Rom 1979.

16 Die Tendenz, die Abrahamsgestalt für die entstehende Gemeinschaft der Christen zu vereinnahmen, begegnet nicht nur im Johannesevangelium. Vgl. dazu: J.S. Siker, Disinheriting the Jews: Abraham in Early Christian Controversy, Louisville 1991.

17 NHC V 1,9,4f. NHC III 3 ist an dieser Stelle schadhaft.

18 IrenAdvhaer. I,1-6,1 und HippRef VI, 29-32 werden zur valentinianischen Sophia-Gestalt ergänzend herangezogen. Epiphanios hat zur valentinianischen Sophia keine wesentlichen Abweichungen, sein Bericht über die Valentinianer ist wahrscheinlich von Irenäus abgeschrieben.

19 Vgl. V. Turner, Myth and Symbol, in: D.L. Sills (Hg.), International Encyclopedia of the Social Sciences, Bd. 10, New York 1968, S. 576.

20 Vgl. J.-M. Sevrin, Le Dossier baptismal séthien, Québec 1986, insb. S. 181.

21 Vgl. ausführlich zu den Begabungen, die den valentinianischen Pneumatiker ausmachten: H.-G. Kippenberg, Gnostiker zweiten Ranges. Zur Institutionalisierung gnostischer Ideen als Anthropolatrie, in: J. Taubes (Hg.), Gnosis und Politik, Paderborn u.a. 1984, S. 132f.

22 Diese Bezeichnung findet sich in NHC VII 2 mehrfach für die diesseitige Welt bzw. den Kosmos.

23 Vgl. R. McL. Wilson, The Trimorphic Protennoia, in: M. Krause (Hg.), Gnosis and Gnosticism: Papers read at the Seventh International Conference on Patristic Studies (Oxford, 08.-13.09. 1975) Leiden 1977, S. 53.

24 Die dreigestaltige Protennoia, hg., übers. und komm. von G. Schenke, Berlin 1984, S. 157.

25 Vgl. G. Schenkes Ausführungen ebenda.

26 Vgl. R. McL. Wilson, The Trimorphic Protennoia, a.a.O., S. 53 f.: Prot 37,12 vergleicht er mit Joh 14,2; Prot 41,7 u. 49,19 erinnern an das paulinische Konzept von der Kirche als Leib Christi; Prot 47,20 ist eine Entsprechung zu Röm 8,38; die Eschatologie in Prot 43,5 ff. benutzt matthäisches Vokabular; ferner finden sich gnostische Interpre-

tationen christlicher Gedanken in Prot 49,28-30 u. 48,8-14 (vgl. Kol 3,9-14) und in Prot 47,13 (vgl. Joh 1,14).

27 Vgl. C. Colpe, Heidnische, jüdische und christliche Überlieferung in den Schriften von Nag Hammadi X, in: Jahrbuch für Antike und Christentum 25 (1982), S. 92.

28 Vgl. V. Schou Pedersen, Bidrag til an Analyse af de mandaeiske skrifter, med henblick paa bestimmelsen af mandaeernas forhold til Jödedom of Kristendom, Aarhus 1940.

29 Vgl. hierzu: E.A. Clark, Antifamilial Tendencies in Ancient Christianity, in: Journal of the History of Sexuality 5 (1995), Nr. 3, S. 356-380.

30 Vgl. P. Brown, The Notion of Virginity in the Early Church, in: B. McGinn/J. Meyendorff/J. Leclerq (Hg.), Christian Spirituality. Origins to the Twelfth Century, New York 1993, insb. S. 428 f.

31 Vgl. Y. Thomas, Die Teilung der Geschlechter im römischen Recht, in: G. Duby/M. Perrot (Hg.), Geschichte der Frauen, Bd. 1, Frankfurt/M. 1993, S. 105-171.

32 Vgl. K. Vogt, Becoming Male: A Gnostic and Early Christian Metaphor, in: K.E. Borresen (Hg.), Image of God and Gender Models in Judaeo-Christian Tradition, Oslo 1991.

33 Vgl. R. Valantasis, Spiritual Guides of the Third Century: A semiotic Study of the Guide-Disciple Relationship in Christianity, Neoplatonism, Hermetism, and Gnosticism, Minneapolis 1993, S. 94 ff.

34 Vgl. ebenda, S. 94. Vgl. auch NHC VI,6,57,28-30.

35 Vgl. M. Smith, Auf der Suche nach dem historischen Jesus. Entdeckung und Deutung des geheimen Evangeliums im Wüstenkloster Mar Saba, Berlin 1971; ders., Jesus der Magier, München 1981.

36 Vgl. F. Capra, Das Tao der Physik, München 1997; ders., Wendezeit. Bausteine für ein neues Weltbild, München 1999.

37 Formulierung von: G.G. Stroumsa, Gnostic Secret Myth, in: Chr. Elsas (Hg.), Tradition und Translation. Festschrift für Carsten Colpe, Berlin 1994, S. 34.

38 H. Jonas, Gnosis und spätantiker Geist. Zweiter Teil, hg. von K. Rudolph, Göttingen 1993, S. 161.

39 Vgl. ebenda, S. 158. Vgl. auch: Hipp Ref VI 29,5.

40 Vgl. H. Jonas, Gnosis und spätantiker Geist, a.a.O., S. 160.

41 Vgl. ebenda, S. 162.

42 Vgl. ebenda, S. 163 f.
43 Vgl. ebenda, S. 165 ff.
44 Vgl. S. M. Stern, The Earliest Cosmological Doctrines of Isma'ilism, in: Studies in Early Isma'ilism, Leiden 1983, S. 4-29.
45 Vgl. dazu: W. Daim, Der Mann, der Hitler die Ideen gab, 2. Aufl., Wien 1985.

Literaturhinweise

1. Siglen für gnostische, biblische und häresiologische Quellentexte

AJ	Das Apokryphon (Geheimschrift) des Johannes = NHC II,1. III,1. IV.1. BG 8502,2.
	(Bei allen Nag-Hammadi-Texten beziehen sich die angegebenen Ziffern nacheinander auf die Nummer des Codex, Nummer des Textes, Seitenzahl und Zeilenzahl des Textes.)
Allog	Allogenes = NHC XI,3
Apg	Apostelgeschichte
ApkAd	Die Apokalypse Adams = NHC V,5
AuthLog	Die Authentische Lehre = NHC VI,3
BG	Berliner Codex Gnosticus
BJ	Bücher Jeu (1 und 2)
CH	Corpus Hermeticum
Eug	Eugnostosbrief = NHC III,3. V,1
EvÄg	Das Evangelium der Ägypter = NHC III,2. IV,2
ExSeele	Die Exegese über die Seele = NHC II,6
Ez	Das Buch Ezechiel, in lutherischen Bibelausgaben Hesekiel
GR	Rechter Ginza. Sofern nicht nach Paragraphen zitiert wird, beziehen sich die Angaben auf Seite und Zeile der deutschen Übersetzung von: M. Lidzbarski, Ginza. Der Schatz oder das große Buch der Mandäer, 1929.
HippRef	Hippolytos von Rom, Refutatio omnium haeresium (Widerlegung aller Häresien)
Hos	Das Buch Hosea
IrenAdvhaer	Irenäus von Lyon, Adversus haereses (Gegen die Häresien)
Jb	Das Johannesbuch der Mandäer. Seiten- und Zeilenangaben nach: M. Lidzbarski, Das Johannesbuch der Mandäer, 1965.

Joh	Das Evangelium nach Johannes
1Joh	Der erste Brief des Johannes
Kol	Brief des Paulus an die Kolosser
1Kor	Erster Brief des Paulus an die Korinther
2LogSeth	Die zweite Lehre des Großen Seth = NHC VII,2
MA	Megale Apophasis nach HippRef
Mars	Marsanes = NHC X,1
NHC	Nag-Hammadi-Codex
OgdEnn	Über die Ogdoade (Achtheit) und die Enneade (Neunheit)
Pan	Epiphanios von Salamis, Panarion (Arzneikasten)
Poim	Poimandres = CH I
Prot	Die dreigestaltige Protennoia = NHC XIII,1
PS	Pistis Sophia
SophJes	Die Sophia Jesu Christi = NHC III,4. BG 8501,3
3StelSeth	Die drei Stelen des Seth = NHC VII,5
Strom	Klemens von Alexandrien, Stromateis (Teppiche)
TracTri	Dreiteiliger Traktat = NHC I,5
UW	Vom Ursprung der Welt = NHC V,2. XIII.2
Zostr	Zostrianos VIII,1

2. Weitere Primärliteratur

Die Gnosis, 3 Bde., Zürich 1997 (nützliche Sammlung gnostischer Quellen in deutscher Übersetzung).

The Gnostic Scriptures. A new Translation with Annotations and Introductions, hg. von Bentley Layton, New York 1995.

The Coptic Gnostic Library. A Complete Edition of the Nag Hammadi Codices, übers. von James R. Robinson, 5 Bde., Leiden 2000.

Nag Hammadi Deutsch, hg. von Hans-Martin Schenke u.a., Berlin 2001.

Der Kölner Mani-Kodex. Abbildungen und diplomatischer Text, hg. von Ludwig Koenen/Cornelia Römer, Bonn 1985.

Der Kölner Mani-Kodex. Über das Werden seines Leibes, kritische Edition, hg. und übers. von Ludwig Koenen/Cornelia Römer, Opladen 1988.

Jain Gardner, The Kephalaia of the Teacher. The Edited Coptic Manichaean Texts in Translation with Commentary, Leiden 1995.

Weitere Editionen koptisch-gnostischer Texte mit Übersetzungen in französischer Sprache erscheinen in der »Bibliothèque Copte de Nag Hammadi«, Section »Textes«, herausgegeben von Jacques E. Ménard u.a.

Die Herausgabe manichäischer Schriften und Dichtungen im Originaltext samt Übersetzungen und Kommentaren in westlichen Sprachen erfolgt jetzt unter dem Titel »Corpus Fontium Manichaeorum« bei Brepols Publishers in Turnhout/Belgien.

3. Sekundärliteratur

Lothar Bayer, Die große Ketzerei. Verfolgung und Ausrottung der Katharer durch Kirche und Wissenschaft, Berlin 1984.

Arno Borst, Die Katharer, 2. Aufl., Freiburg/Br. 1991.

Micha Brumlik, Die Gnostiker. Der Traum von der Selbsterlösung des Menschen, Frankfurt/M. 1992 (Neuausgabe 2000).

Farhad Daftary, The Isma'ilis: their history and doctrines, Cambridge 1990.

Heinz Halm, Die islamische Gnosis. Die extreme Schia und die 'Alawiten, Zürich 1982.

Ders., Kosmologie und Heilslehre der frühen Isma'iliya. Eine Studie zur islamischen Gnosis, Wiesbaden 1978.

Hans Jonas, Gnosis und spätantiker Geist. Erster Teil: Die mythologische Gnosis, Göttingen 1988; Zweiter Teil: Von der Mythologie zur mystischen Philosophie, Göttingen 1993.

Samuel N.C. Lieu, Manichaeism in the Later Roman Empire and Medieval China, 2. Aufl., Tübingen 1992.

Elaine Pagels, Versuchung durch Erkenntnis. Die gnostischen Evangelien, Frankfurt/M. 1981.

Kurt Rudolph, Die Gnosis, 3. Aufl., Göttingen 1990.

Holger Strohm, Die Gnosis und der Nationalsozialismus, Frankfurt/M. 1997.

Eine Reihe wissenschaftlicher Monografien zur antiken Gnosis und zum Manichäismus erscheint als »Nag Hammadi & Manichaean Studies, formerly Nag Hammadi Studies«, mit verschiedenen Herausgebern, im Brill-Verlag, Leiden. Im Rahmen dieser Reihe erschienen als wichtige Hilfsmittel für die Gnosisforschung die Nag Hammadi Bibliography 1948-1969 und Nag Hammadi Bibliography 1970-1994.

Die »International Association of Manichaean Studies« veranstaltet in vierjährigen Abständen internationale Kongresse zum Manichäismus und veröffentlicht die Beiträge unter dem Titel »Studia Manichaica«.

Julia Iwersen, geboren 1965. Studium der Geschichte, Religionswissenschaft und Philosophie. Promotion mit einer Arbeit über historisch-soziologische Hintergründe der antiken Gnosis. Lehrbeauftragte an den Universitäten Bremen und Hamburg. Wissenschaftliche Veröffentlichungen in den Bereichen Gnosis und Esoterik.

In der Reihe
»Grosse Denker – Eine Einführung«
sind lieferbar:

Ernst Bloch
von Detlef Horster
3-926642-52-1

Giordano Bruno
von Anne Eusterschulte
3-926642-53-X

Europäische Mystik
von Gerhard Wehr
3-926642-54-8

Gnosis
von Julia Iwersen
3-926642-55-6

Jesus
von Peter Antes
3-926642-56-4

Lao-Tzu
von Florian C. Reiter
3-926642-57-2

Stephen W. Hawking
von Klaus Mainzer
3-926642-29-7

Thomas von Aquin
von Anthony Kenny
3-926642-36-X

Jean-Paul Sartre
von Susanne Möbuß
3-926642-30-0

Martin Luther
von Ernstpeter Maurer
3-926642-37-8

Soeren Kierkegaard
von Patrick Gardiner
3-926642-31-9

Galileo Galilei
von Stillman Drake
3-926642-38-6

C. G. Jung
von Anthony Stevens
3-926642-32-7

Sokrates
von C.C.W. Taylor
3-926642-39-4

Arthur Schopenhauer
von Margot Fleischer
3-926642-33-5

René Descartes
von Tom Sorell
3-926642-40-8

Siegmund Freud
von Anthony Storr
3-926642-34-3

Thomas Hobbes
von Richard Tuck
3-926642-41-6

Albert Einstein
von Klaus Fischer
3-926642-35-1

Jean-Jacques Rousseau
von Robert Wokler
3-926642-42-4